AI 시대의 팀장은
다르게 일합니다

AI 시대의 팀장은 다르게 일합니다

생성형 AI로 리더의 일하는 방식을 업그레이드하라

AI LEADERSHIP

김현 지음

중앙books

프롤로그

AI 시대, 리더십의 대전환이 일어나고 있다

AI 시대에 리더인 당신은 조용히 이런 두려움을 품고 있을지 모른다.

"AI가 발달하면 나는 필요 없어지는 것 아닌가?"

기술은 점점 정교해지고, 데이터는 순식간에 분석되며, 보고서와 코드, 문서 초안까지 AI가 빠르게 만들어낸다. 그래서 어떤 리더는 불안을 느끼고, 어떤 리더는 기대를 품는다. 그러나 중요한 것은 'AI가 무엇을 할 수 있느냐'가 아니라, '리더가 AI를 어떻게 활용하느냐'다. AI를 팀원으로, 함께 일하는 동료로 받아들이면 시간을 벌어주는 강력한 파트너가 된다. 그리고 그 시간을 어디에 쓰느냐가 리더의 가치를 결정한다.

지난 2년간 나는 강의와 컨설팅을 통해 2,000명 가까운 사람들을 만났다. 대기업, 스타트업, 공공기관 등 다양한 조직에서 신입사원부터 팀장, 임원까지. 강의장에서, 컨설팅 현장에서, 때로는 조용한 카페에서도 만났다. 조직도 직급도 달랐지만, 질문은 놀랍도록 비슷했다. “AI를 써보긴 하는데, 이게 맞는 건지 모르겠어요.” “팀원들한테 AI 쓰라고 하면, 제가 먼저 잘해야 하잖아요.” “솔직히, 어디서부터 시작해야 할지 모르겠습니다.” 그리고 이 질문. “AI 시대에 나는 어떤 리더가 되어야 하나요?”

어쩌면 당신도 같은 질문을 품고 있을지 모른다.

당신은 바쁜 하루를 살아가고 있다. 수많은 정보와 보고, 해결해야 할 문제들, 회의실을 가득 채운 질문들 속에서 숨 쉴 틈 없이 움직이고 있을 것이다. 그 속에서 아주 작은 선택 하나만 바꾸어보길 바란다. 예전처럼 혼자 끙끙대며 답을 찾는 대신, AI에게 질문 하나를 건네보는 것이다. 완벽한 답을 기대하기보다, 함께 생각해주는 조용한 동료 하나 또는 팀원 하나가 생겼다고 생각해보자. 그 작은 변화가 당신의 시간을 되돌려줄 것이다.

그리고 그 시간 속에서 당신은 바쁘다는 핑계로 항상 미뤄왔던, 바로 그 중요한 일을 시작할 여유를 갖게 될 것이다. 팀원을 더 깊이 이해하는 일, 팀의 방향을 다시 정리하는 일, 자신의 리더십을 다시 세우는 일이다. AI는 당신을 대체하지 않을 것이다. 오히려 당신이 더 중요한 일을 할 수 있도록 옆에서 조용히 밀어줄 것이다.

당신은 AI의 관리자가 아니라, AI의 지휘자다. 오케스트라에 악기가 아무리 많아도 음악의 해석과 감동을 결정하는 것은 결국 지휘자의 손끝이다. AI가 데이터를 분석하고, 코드를 짜고, 초안을 만들어도, 그 결과물에 ‘책임’이라는 영혼을 불어넣고 ‘결단’을 내리는 일은 오직 당신만이 할 수 있는 일이다.

기술이 발전할수록 당신의 리더십은 더 귀해질 것이다. 기계가 답을 많이 낼수록, 인간의 질문은 더 위대해질 것이다.

이 책은 그 질문들에 대한 나의 답이다. 당신과 당신의 팀이 내일 당장 시작할 수 있는 한 걸음을 알려주고자 한다. 이 책은 AI가 당신의 자리를 대신하는 세상이 아니라, 당신의 리더십을 더 강력하게 확장시키는 세상을 준비하는 길잡이가 될 것이다.

먼저 1장에서는 이미 움직이고 있는 리더들을 만난다. 마이크로소프트, 아마존, 넷플릭스. 그들이 AI를 어떻게 받아들였는지, 왜 어떤 기업은 성공하고 어떤 기업은 실패했는지를 살펴본다. 그리고 AI 시대의 리더가 가져야 할 핵심 마인드셋을 살핀다. 2장에서는 AI를 나만의 새로운 팀원으로 활용하는 법을 다룬다. AI와 어떻게 대화해야 하는지, 그리고 AI로 나만의 드림팀을 만드는 법부터 핵심 직무에서 어떻게 쓸 수 있는지를 보여준다. 3장에서는 리더의 실제 업무 상황 속으로 깊숙이 들어간다. 보고서 작성, 회의 준비, 팀원 피드백, 위기 대응까지. 당신이 매일 마주하는 순간에 AI를 어떻게 활용할 수 있는지 구체적으로 보여준다. 마지막 4장에서는 기술을 넘어 문화를 이야기한다. AI가 개인 스킬을 넘어 팀의 시스템으로 자리 잡기 위해 리더가 알아야 할 것과 원칙을 정리했다.

AI를 두려워하기보다 동료로 받아들이고, 그 시간을 팀과 리더십을 위해 다시 쓰려는 리더라면 이 여정에 함께할 준비가 된 것이다. 이 책이 그 길을 걷는 당신에게 작지만 분명한 도움이 되길 바란다.

차례

2장

AI를 나만의 팀원으로 만들어라

3장

현장에서 리더는 AI와 이렇게 일한다

4장

AI로 팀 시스템을 업그레이드하라

AI LEADERSHIP

1장

AI 시대, 리더가 설 자리는 어디인가

당신의 리더십이 시험대에 오르다

당신이 이 글을 읽는 지금 이 순간에도, 전 세계 리더들은 AI와 함께 역사상 가장 빠른 변화를 만들어내고 있다.

2025년 8월, 오픈AI는 GPT-5를 공개했다. CEO 샘 알트먼은 이를 "박사급 전문가를 늘 곁에 둔 듯한 경험"에 비유했다. 12월에는 에이전트 기능을 전면에 내세운 GPT-5.2를 발표하며, AI는 '대답하는 도구'를 넘어 '스스로 일을 끝까지 밀어붙이는 실행 주체'로 진입했다.

구글(Google)은 2025년 3월 제미나이(Gemini) 2.5를 공개한 데 이어, 11월 제미나이 3를 선보이며 텍스트·이미지·음성을 아우르는 AI 경쟁의 속도를 끌어올렸다. 앤트로픽(Anthropic)의 클로드 코드(Claude Code)는 자연어 설명만으로 소프트웨어를 만드는 '바이브 코딩(Vibe Coding)' 열풍의 중심에 섰다.

일론 머스크의 xAI는 그록 4(Grok 4)를 출시하며 실시간 검색과 도구 활용을 강화했다. 그리고 2026년 1월, 애플(Apple)은 구글과 파트너십을 맺고 제미나이 모델을 차세대 시리(Siri)에 통합하기로 하면서, AI 전쟁의 무대가 운영체제와 스마트폰 속으로 들어왔음을 보여줬다.

이 모든 AI 경쟁을 떠받치는 건 엔비디아(NVIDIA)다. 젠슨 황은 블랙웰(Blackwell) 칩으로 AI 시대의 인프라를 이끌며, 엔비디아를 세계에서 가장 가치 있는 기업으로 끌어올렸다.

한국도 빠르게 움직이고 있다. 삼성전자는 갤럭시 S25에서 제미나이를 전면에 세우며 '손안의 AI 비서'를 가속했고, 이재용 회장이 샘 알트먼을 여러 차례 만나 AI 협력 방안을 논의했다. LG의 AI 모델 '엑사원(EXAONE)'은 기업 맞춤형 솔루션으로 기업용 시장을 넓히고 있고, 현대자동차그룹은 보스턴 다이내믹스를 앞세워 로보틱스와 AI를 결합한 '피지컬 AI' 전략을 본격화하고 있다. 정부 역시 AI·반도체 등 첨단산업 투자를 확대하며 국가 차원의 경쟁 구도를 더욱 빠르게 밀어붙이고 있다.

당신이 이 책을 읽고 있을 즈음에는 더 큰 변화가 생겼을 것이다. 지금의 선택이 개인의 경쟁력뿐만 아니라 조직의 미래까지 좌우할 수 있다. 이것이 AI 전쟁의 현주소다. 앞서 나가는 리더는 지금 이 순간에도 움직이고 있다.

마이크로소프트에서 전 직원에게 AI 동료를 배정한 이유

/

2022년 11월 30일, 챗GPT가 세상에 나온 지 불과 두 달 만에 마이크로소프트의 CEO 사티아 나델라는 전 직원에게 이메일을 보냈다. 간단한 내용이었지만 파장은 컸다. 오피스 365(Office 365)에 AI를 완전히 통합하겠다는 선언이었다. 그저 새로운 기능을 추가하는 차원을 넘어 전 세계 22만 명의 직원 한 명, 한 명에게 AI라는 새로운 동료를 배정하는, 기업 역사상 전례 없는 실험의 시작을 알리는 순간이었다.

나델라가 2014년 CEO로 취임했을 때 마이크로소프트는 구글과 애플에 밀려 혁신의 동력을 잃어가고 있었다. 전임 CEO 스티브 발머 시대의 유산인 스택 랭킹(Stack Ranking) 평가 제도는 직원들에게 강제로 순위를 매겨 하위 10%를 퇴출시키는 잔혹한 시스템으로, 동료를 경쟁자로 만들고 협업보다는 자기 보호를 우선시하게 만들었다.

나델라는 이 모든 것을 뒤집었다. 스탠퍼드대 심리학자 캐럴 드웩의 성장 마인드셋 이론을 조직 문화에 접목하며, '모든 것을 아는 사람'이 되려 하지 말고 '모든 것을 배우는 사람'이 되라는 메시지를 전파했다.

나델라가 '모든 것을 배우는 사람'이 되라고 강조한 이유는 명확했다. 기술 변화가 너무 빠른 시대에는 과거의 지식이 금세 낡아버

리기 때문이다. 자신이 모든 답을 안다고 생각하는 순간, 성장은 멈춘다. 배움의 여지가 사라지기 때문이다. 특히 AI 같은 혁신적 기술이 등장했을 때, '이건 내가 아는 방식이 아니다'라며 외면하는 사람과 '이걸 어떻게 활용하면 더 잘할 수 있을까?'라고 질문하는 사람의 격차는 빠르게 벌어진다.

20년간 마이크로소프트를 지배했던 경쟁 문화가 협업 문화로 바뀐 문화적 토대 위에서 나델라는 AI 전략을 전개했다. 오픈AI와의 파트너십에 2023년까지 총 100억 달러(약 14.5조 원)를 투자하면서도 통제권을 요구하지 않았다. 경쟁사들이 AI 기업을 인수하거나 지배하려 할 때, 나델라는 신뢰와 장기적 협력 관계에 베팅했다. AI 역시 인간을 대체하는 도구가 아니라 인간의 창의성을 확장하는 파트너로 바라봤다.

변화는 빠르게 나타났다. 마이크로소프트는 '코파일럿(Copilot)'이라는 AI 비서를 개발했다. 코파일럿은 완전히 새로운 업무 툴이라기보다 워드·엑셀·파워포인트 같은 기존 오피스 프로그램 안에 자연스럽게 통합되어 함께 일하는 AI 동료에 가깝다. 예를 들어 엑셀에서 "지난 분기 매출 추이를 그래프로 보여줘"라고 말하면 자동으로 차트를 만들고, 파워포인트에서 "이 내용을 5장짜리 발표 자료로 만들어줘"라고 하면 디자인까지 완성해준다.

마이크로소프트의 자체 영업팀도 '코파일럿 포 세일즈(Copilot for Sales)' 도입 후 주당 평균 4시간을 절약하여 연간 5,000만 달러(약 725억 원)의 가치를 창출했다. 전반적으로 코파일럿 사용자의 70%

가 생산성 향상을 경험했다고 보고했으며, 22%는 하루 30분 이상의 시간을 절약하게 되었다.

글로벌 회계 컨설팅 법인 EY 역시 15만 명의 직원에게 코파일럿을 도입했다. 그 결과 직원 1인당 주당 14시간의 생산성 향상을 달성했다고 보고했다. 15%의 생산성 증가에 해당하는 수치로, 절약된 시간은 고객 서비스 개선과 전략적 업무에 재투자되고 있다.

현재 〈포춘〉 500 기업(세계에서 매출이 가장 높은 500대 기업)의 60% 이상을 포함해 전 세계 23만 개 조직이 마이크로소프트의 AI 플랫폼 코파일럿을 사용하고 있다. 이들 기업에서 보고된 성과는 놀랍다. 어떤 금융 서비스 기업은 코파일럿 도입 후 보고서 작성 시간을 42% 단축했고, 한 제약회사는 연구 데이터 분석 속도를 3배 향상시켰다. 특히 주목할 점은 주니어 직원들의 생산성 향상 폭이 경력 직원보다 2배 이상 높다는 것이다. AI가 경험의 격차를 줄이는 '평등화 도구' 역할을 하고 있음을 보여주는 증거다.

하지만 진짜 혁신은 숫자 너머에 있다. 이 수치들이 말해주는 것은 일차원적인 생산성 향상이 아니다. AI를 어떻게 받아들이고, 어떤 기준으로 활용하느냐에 따라 조직의 일하는 방식 자체가 달라졌다는 사실이다. 이 변화의 중심에는 나델라가 보여준 새로운 AI 리더십의 방향이 있다.

과거 산업화 시대의 리더는 '모든 답을 아는 전문가'여야 했다. 정해진 공정에서 정해진 방식대로 일하면 되는 시대였기에, 리더는 그 방법을 가장 잘 아는 사람이어야 했다. 하지만 AI 시대는 다르다. 기술이 너무 빠르게 변하고, 새로운 도구가 계속 나오기 때문에 한 사람이 모든 것을 알 수가 없다.

그래서 AI 시대의 리더에게 필요한 것은 '모든 답을 아는 것'이 아니라 '올바른 질문을 하는 능력'이다. 예전에는 "김 대리, 이 보고서 금요일까지 작성해주세요"라고 지시하면 끝이었다. 이제는 다르다.

"김 대리, AI로 초안을 빠르게 만들어보고, 우리 팀만 아는 현장 인사이트를 더해서 완성해보세요. 궁금한 점 있으면 언제든 물어보고요."

단순히 업무를 배분하는 것이 아니라, AI와 사람이 각자의 강점을 살려 협업하는 방식 자체를 함께 설계해야 한다. 리더의 역할이 '지시하고 통제하는 사람'에서 'AI와 인간의 협업을 조율하는 사람'으로 확장된 것이다.

나델라는 이렇게 말했다.

"AI는 우리를 덜 인간적이게 만들지 않습니다. 오히려 더 인간적이게 만들 것입니다."

무슨 뜻일까? AI가 데이터 분석, 문서 초안 작성, 일정 관리 같은 반복적인 업무를 대신해주면, 사람은 비로소 창의적이고 의미 있는 일에 집중할 수 있다. 팀원의 고민을 들어주고, 새로운 아이디어를 구상하고, 어려운 결정을 내리는 일 말이다. 그리고 팀원들이 이런 가치 있는 일에 집중할 수 있는 환경을 만드는 것, 그것이 바로 AI 시대 리더의 역할이다.

물론 최종 책임은 여전히 리더의 몫이다. AI가 아무리 훌륭한 분석을 내놓아도, 그것을 검증하고 최종 결정을 내리는 것은 사람이다. 'AI가 그렇게 했다'는 변명은 리더에게 통하지 않는다. 리더십의 주인공은 여전히 사람이다. 리더는 여전히 비전을 제시하고, 팀을 하나로 만들며, 구성원들이 최고의 성과를 낼 수 있도록 돕는다. 다만 그 여정에 AI라는 강력한 파트너가 함께하게 되었을 뿐이다.

AI를 만능 도구로 여기고 검토 없이 결과를 가져다 쓰는 순간, 경쟁에서 뒤처진다. 반면에 AI를 협업 파트너로 보고, 질문하고, 검증하고, 자신의 판단을 더하는 리더는 앞서 나간다. 질문 방식을 바꾸고, 배우는 문화를 만들고, 협업의 가치를 인정하는 것. 이것이야말로 AI 시대를 이끌어갈 리더가 갖춰야 할 가장 중요한 자질이다.

AI 시대 리더십, 달라졌지만 바뀌지 않은 것

/

전통적 리더십은 '사람이 모든 것을 해결한다'는 철학 아래, 리더가 지시하고 관리하는 방식이었다. 팀원들에게 업무를 배분하고, 진행 상황을 점검하고, 결과를 평가하는 것이 리더의 주된 일이었다. 반면 AI 시대 리더십의 철학은 '사람이 AI와 함께 더 큰 가치를 만든다'이다. 리더의 역할은 비전 제시자를 넘어 AI 협업 비전 설계자로 바뀌었다. 질문도 "우리가 무엇을 할 것인가?"에서 "AI와 함께 우리가 어떤 가치를 만들 것인가?"로 진화했다.

리더로서 동기 부여를 하는 역할도 인간의 가치를 극대화하는 조율자로 진화했다. AI에 반복 업무를 맡길 수 있는 만큼, 팀원들이 더 창의적이고 의미 있는 일에 집중할 수 있도록 돕는 역할이 추가되었다. 또한 품질 관리자 역할도 AI 협업 품질 책임자로 발전했다. 예전에는 사람의 실수만 관리했다면, 이제는 AI의 실수를 체크하고 사람과의 협업 결과도 검증해야 한다. 품질 관리도 '실수하면 안 된다'에서 AI로 만든 결과든, 사람이 만든 결과든 '함께' 검증하는 것으로 접근법이 달라졌다.

그뿐 아니라 멘토는 변화 적응 코치로, 의사결정자는 윤리적 판단 및 최종 책임자로 역할이 더욱 중요해졌다. 여전히 최종 책임은 리더의 몫이기 때문이다. AI가 아무리 발전해도 조직의 가치 판단과 윤리적 결정은 사람만이 할 수 있다.

업무 접근에서도 차이가 있다. 예전에는 "이 일을 누가 할까?"라고 물었다면, 이제는 "우리가 이 일을 AI로 어떻게 더 잘할까?"라고 묻는다. 의사결정도 '내 경험과 팀의 의견으로'에서 '내 경험과 팀의 의견에 AI 분석을 종합하여'로 바뀌었다. 또한 팀원 개발에서는 '경험을 쌓아 전문가가 되어라'에서 'AI와 협업하여 더 높은 가치를 만들어라'로 방향이 전환되었다.

회의 방식도 진화했다. "각자의 의견을 말하세요"에 이어 "AI 분석에 대해 다각도로 검토해보자"가 추가되었다. 성과 평가에서도 "결과와 과정이 어땠나?"에서 "협업 과정과 결과가 모두 어땠나?"

로 평가 기준이 변화했다.

리더십의 본질은 수천 년 동안 변하지 않았다. 사람들에게 방향을 제시하고, 동기를 부여하며, 함께 목표를 달성해나가는 것. 그것이 바로 리더십의 핵심이다. 산업혁명 때도, 정보화 시대에도, 그리고 지금 AI 시대에도 이 본질은 동일하다. 사람을 이끄는 것은 여전히 사람만이 할 수 있다. 하지만 그 방법은 시대와 함께 진화하고 있다.

리더의 새로운 3가지 역할

/

AI는 강력한 기술이지만, 사용하는 것도 사람이고, 무엇을 할지 결정하는 것도 사람이다. 그리고 그 결과에 대한 책임을 지는 것도 결국은 사람이다. 아마존의 5명 팀이 1,000개 애플리케이션을 업그레이드할 수 있었던 건 AI 덕분이지만, '무엇을 업그레이드할지', '어떤 순서로 진행할지', '문제가 생기면 어떻게 해결할지' 같은 중요한 결정은 모두 사람이 했다.

이처럼 AI가 많은 일을 대신해줄수록 리더의 역할은 줄어드는 것이 아니라 오히려 더 또렷해진다. AI 시대에는 리더의 역할이 3가지 방향으로 진화한다.

첫째, 방향 제시자(Navigator)의 역할이다. AI가 수많은 데이터를 분석하고 여러 가지 결과를 제시해도, 우리 팀에게 가장 적합한 방향을 선택하는 것은 리더의 몫이다. 마치 내비게이션이 여러 경로를 보여줘도 최종적으로 어떤 길로 갈지 운전자가 결정하는 것과 같다.

둘째, 학습 조직 구축자(Learning Architect)의 역할이다. AI 기술은 하루가 다르게 발전한다. GPT-5.2, 제미나이 3, 라마 4, 그록 4…. 새로운 모델이 쏟아지는 상황에서 팀원들이 지속적으로 학습하고 실험할 수 있는 환경을 만드는 것이 중요하다. "이번 달에는 이 AI 도구를 써보자", "실패해도 괜찮으니 한번 시도해보자" 같은 분위기를 만드는 것이 리더의 역할이다.

셋째, 신뢰 관리자(Trust Manager)의 역할이다. AI가 내놓은 결과를 무조건 믿어서도, 무조건 의심해서도 안 된다. 데이터 정리나 보고서 초안 작성 같은 단순 반복 업무는 AI에게 맡기는 게 효율적이다. 하지만 중요한 고객 협상, 팀원 상담, 위기 상황 대응 같은 일은 여전히 사람의 판단이 필요하다. 어디까지 AI에게 맡기고 어디서부터 사람이 개입할지 그 경계를 관리하는 것이 리더의 역할이다.

이제 질문을 바꿔야 할 때다. "AI를 써야 할까?"가 아니라 "리더로서 AI와 어떻게 더 나은 팀을 만들까?"를 물어야 한다. "AI가 내 자리를 빼앗을까?"가 아니라 "AI 시대에 내가 발휘할 리더십은 무엇일까?"를 고민해야 한다.

이미 많은 리더들이 각자의 답을 찾아 움직이고 있다. 오픈AI는 전 세계인이 쓰는 플랫폼을 만들었고, 아마존은 비용 혁신을, 메타는 오픈소스 생태계를 선택했다. 한국의 삼성전자는 제품 전략으로, 정부는 국가 투자로 대응하고 있다. 방법은 다르지만 방향은 같다. 더 이상 관망하지 않고, 직접 주도하고 있다.

당신은 AI 시대의 관찰자로 머물 것인가, 아니면 리더십으로 시대를 이끌 것인가? 변화는 선택이 아니라 생존의 조건이 되었다. 하지만 변화 속에서도 바뀌지 않는 리더십의 본질적 가치를 잊어서는 안 된다. 이제는 AI를 올바르게 이끌 리더십이 그 어느 때보다 절실하다.

실리콘밸리 리더들은 AI와 어떻게 일할까?

"8시간 만에 끝냈습니다."

미국 식품 대기업 크래프트 하인즈 본사 22층 회의실이 조용해졌다. 하인즈 케첩으로 유명한 이 회사의 신제품 캠페인 얘기였다.

150년 역사의 이 식품 대기업은 '신중함의 대명사'였다. 케첩 병 라벨의 작은 점 하나를 바꾸는 데도 3개월이 걸리는 회사였다. 무려 47명의 임원이 서명해야 디자인 하나가 나왔다. '브랜드 일관성이 생명'이라는 게 150년 철칙이었다. 보통 하인즈에서 신제품 캠페인 론칭은 8주가 걸리는 일이었다. 그런 회사에서 8시간 만에 신제품 캠페인이 나왔다는 건 엄청난 혁명이었다.

비밀은 구글의 AI 플랫폼 기반 '테이스트메이커(TasteMaker)' 시스템에 있었다. 하인즈는 150년간 축적된 모든 광고, 포장 디자인,

마케팅 메시지를 AI에 입력했다. 1869년부터 2025년까지의 브랜드 DNA를 통째로 학습시킨 것이었다.

AI의 능력은 놀라웠다. 1890년대 빈티지 광고의 톤, 1950년대 가족 중심 메시지, 1980년대 젊은 감성, 2000년대 건강 트렌드까지 모든 것을 기억하고 있었다. 그리고 이를 2025년 트렌드와 완벽하게 조합했다.

AI가 제작한 하인즈의 캠페인 출처: Kraft Heinz

결과는 혁신적이었다. 캠페인 제작 시간이 기존 8주에서 약 8시간으로 약 95% 가까이 단축되었지만, 품질은 오히려 높아졌다. 브랜드 일관성 점수는 역대 최고를 기록했다. 비디오, 디스플레이, 소셜 미디어, 오디오 자산까지 한 번에 생성되었다.

하인즈 디지털 경험 및 성장 책임자 저스틴 토머스는 감탄했다.

"우리 브랜드 인텔리전스를 깊이 학습시킨 구글 클라우드 AI(Google Cloud AI) 플랫폼을 통해 혁신팀과 크리에이티브팀이 콘텐츠를 신속하게 프로토타입을 만들고, 테스트하고, 배포할 수 있게 되었습니다."

더 중요한 변화는 조직 문화에서 나타났다. 반복적인 검토와 승인 절차에 매달리던 직원들이 진짜 창의적인 업무에 집중하기 시작했다. 크래프트 하인즈는 깨달았다, 전통을 지키는 가장 확실한 방법은 혁신을 받아들이는 것이라는 역설적 진리를.

AI 도입에 성공한 리더들의 3가지 패턴

/

미국에서 AI로 놀라운 성과를 보인 기업을 분석해 보니 AI를 대하는 전략에서 놀랍도록 일치하는 패턴이 발견되었다.

첫 번째 패턴은 과감한 신뢰였다. 이들은 부분적 도입이나 파일럿 프로젝트(시범 운영)로 시작하지 않았다. 전면적이고 즉각적인 전환을 선택했다. 예를 들어 메타의 저커버그는 수십억 달러 가치의 AI 모델을 완전히 개방했고, 크래프트 하인즈는 150년간 쌓아온 브랜드 자산 전체를 AI에 위임했다. 아마존은 자체 개발한 AI 코딩 도우미를 활용해 4,500명에 달하는 개발자들의 업무 프로세스를 근본적으로 재설계했다.

이러한 결정의 배경에는 근본적 인식의 전환이 있었다. AI의 잠재적 위험보다 AI 없는 미래의 위험이 훨씬 크다는 판단이었다. 실수의 가능성을 감수하더라도 혁신의 기회를 놓치지 않겠다는 전략적 선택이었다. 이는 AI를 일시적 기술 도입이 아니라 생존을 위한 필수적 진화로 인식한 것이다.

두 번째 패턴은 AI에 대한 관점의 근본적 재정의였다. 이들은 AI를 명령을 수행하는 도구가 아닌 협업하는 파트너로 접근했다. 크래프트 하인즈는 AI를 그냥 활용한 것이 아니라 150년의 기업 정체성을 공유하는 관계를 구축했다. 아마존은 AI를 개발팀의 정식 구성원으로 편입시켰고, 메타는 오픈소스 AI 모델을 매개로 전 세계 개발자들과 공생하는 생태계를 창조했다.

이는 주종 관계가 아닌 협력 관계로의 패러다임 전환을 의미했다. AI에게 일을 시키는 것이 아니라 AI와 함께 문제를 정의하고 해결책을 모색하는 새로운 업무 방식인 것이다.

세 번째 패턴은 예측 불가능성을 기회로 전환하는 유연성이었다. 크래프트 하인즈의 8주 작업이 8시간으로 단축되고, 아마존의 생산성이 8배로 증가하는 것은 어떤 전략 계획서에도 없었던 시나리오였다.

여기서 주목할 점은 이들 리더가 예상을 초과하는 성과를 어떻게 다루었는가다. 전통적인 관리 방식이라면 '계획에서 벗어났다'며 중단시켰을지도 모른다. 하지만 이들은 정반대로 움직였다. 크래프트 하인즈는 AI가 만든 예상 밖의 창의적 결과물을 실제 캠페인에 적용했다. 아마존의 새로운 CEO 앤디 재시는 예상보다 빠른 생산성 향상을 확인하자 AI 도입 범위를 더 확대했다.

앞서 언급한 '방향 제시자'의 역할이 분명히 드러난다. 계획대로 통제하는 능력이 아니라, 예상을 뛰어넘는 결과를 포착하고 그 방향으로 과감히 나아가는 민첩성이다. 이들은 불확실성을 관리의 대상이 아니라 성장의 동력으로 인식했다. 완벽한 예측보다 빠른 적응을, 철저한 통제보다 유연한 진화를 선택한 것이다.

이들의 성공에는 분명한 이유가 있었다. 완벽한 계획을 세우기보다 과감하게 실행했고, 통제하기보다 협업했으며, 예측하기보다 빠르게 적응했다. 기존 패러다임에 안주하지 않고 미지의 영역으로 먼저 뛰어든 선구자들이 얻은 결과였다.

AI가 실수해도 책임은 리더의 몫

/

물론 AI가 가져온 성공 뒤에는 실패의 그림자도 있다. 2024년 한 해 동안 전 세계 기업들이 'AI 환각(Hallucinations) 현상'으로 입은 손실이 674억 달러, 우리 돈으로 약 100조 원에 달한다. 환각 현상이란 AI가 존재하지 않거나 사실과 다른 정보를 마치 진짜인 것처럼 생성하는 현상이다. 이는 사소한 기술 오류가 아니라 AI를 제대로 검증하지 않은 사람의 실패다.

2023년 6월 뉴욕 연방법원에서 일어난 사건이 대표적이다. 변호사 스티븐 슈워츠가 아비앙카 항공 소송에서 챗GPT가 만든 가짜 판례 6건을 법원에 제출했다. '바르가스 대 아비앙카', '밀러 대 유나이티드 항공' 등 그럴듯한 이름의 판례들은 모두 존재하지 않는 것들이었다. 판사가 해당 판례를 찾을 수 없다고 지적하자 슈워츠는 챗GPT에게 다시 확인했고, AI는 판례가 실재한다고 답했다.

법원이 허위 자료임을 확인한 후 슈워츠는 AI가 거짓 정보를 만들 줄 몰랐다고 해명했다. 결과는 5,000달러의 벌금이었다. 30년 경력이 한순간에 무너진 것이다. 이후에도 비슷한 사건이 법조계에서 계속 발생하고 있다.

맥도날드의 AI 드라이브스루 실험도 실패로 끝났다. 맥도날드는 2021년부터 IBM과 협력하여 드라이브스루에서 사람 대신 AI가 고객의 음성 주문을 받는 시스템을 시범 운영했다. 주문 시간을 단축하고 인건비를 절감하려는 의도였다. 하지만 이 시스템은 음성 인식 오류로 고객이 주문하지 않은 수백 달러어치의 맥너겟을 추가하거나, 아이스크림콘에 베이컨을 넣는 등의 실수를 반복했다. 소셜 미디어에서 화제가 되었지만 브랜드 이미지는 손상됐고, 2024년 6월 프로그램을 중단해야 했다.

이런 실패의 원인은 기술이 아니라 사람의 태도에 있다. AI를 척척박사 같은 존재로 착각하고, 검증 없이 결과물을 받아들이며, 책임을 AI에게 넘기려 한 것이 문제였다. 박태웅 한빛미디어 의장은 이를 '새로운 디지털 문맹'이라 부른다. 기술을 사용할 줄은 알지만 한계와 위험을 이해하지 못하는 상태라는 것이다.

성공한 기업과 실패한 기업의 차이는 분명했다. 전자는 AI를 활용하면서도 최종 책임은 사람이 졌다. 후자는 AI에게 판단과 책임까지 맡기려 했다. AI 시대에도 책임은 여전히 인간의 몫이다. 그리고 이 책임은 법적으로도 명확하다.

2024년 캐나다 법원의 판결이 이를 분명히 했다. 에어 캐나다 챗봇이 승객에게 잘못된 환불 정책을 안내한 사건이었다. 회사는 'AI가 실수했다'고 항변했지만 법원은 받아들이지 않았다.

"챗봇도 회사의 공식 창구다. 기업은 AI 시스템의 진술에 대해 인간 직원과 동일하게 책임져야 한다."

결국 에어 캐나다는 승객에게 환불해야 했다.

미국 증권거래위원회(SEC)의 'AI 워싱' 단속도 강화되고 있다. AI 워싱(AI Washing)이란 인공지능 기술을 실제로 사용하지 않거나 그 사용을 과장하면서도 마케팅이나 홍보에서 인공지능을 사용한다고 주장하는 것을 의미한다. 실제로 AI 사용에 대한 허위 및 오해의 소지가 있는 진술을 한 기업에 대해 벌금을 부과하는 사례가 증가하고 있다.

고객의 시선도 냉정하다. 스웨덴 핀테크 기업 클라르나가 이를 뼈저리게 경험했다. 비용 절감을 위해 700명을 해고하고 AI로 대체했지만, 서비스 품질이 떨어지자 다시 사람을 고용해야 했다. CEO는 나중에 인정했다.

"비용만 생각했다. 품질을 놓쳤다."

고객들은 'AI 때문에 서비스가 나빠졌다'고 하지 않는다. "클라르나 서비스가 나빠졌다"라고 말한다. 브랜드 평판의 손상은 온전히 회사가 감당해야 할 몫이다.

실제로 편향과 차별의 책임은 AI가 아닌 책임자, 리더에게 있다.

글로벌 기업 워크데이(Workday)의 AI 채용 시스템이 인종과 연령을 기준으로 지원자를 차별했다는 집단 소송에서 "AI가 그렇게 학습되었다"라는 변명은 통하지 않았다. 11억 건의 지원서가 거부되는 동안 아무도 검증하지 않았다는 점이 더 큰 문제였다.

아마존의 AI 채용 도구도 마찬가지였다. 남성 지원자를 선호하도록 편향된 AI 시스템을 2018년에 폐기했지만, 이미 수년간 사용되면서 수많은 여성 지원자가 불이익을 받았다.

이에 더해 세이프렌트 솔루션스(SafeRent Solutions)의 세입자 점수 소프트웨어가 흑인과 히스패닉 세입자를 체계적으로 차별했다는 사실이 밝혀졌을 때, 220만 달러의 합의금을 지불하는 것보다 잃어버린 신뢰를 회복하는 것이 더 큰 과제가 되었다.

AI 편향성은 개발 과정에서 미리 예방하고, 운영 중에 지속적으로 모니터링해야 할 리더의 책임이다. AI가 실수해도 책임은 결국 사람이 진다. 이것이 현실이다.

기술이 아무리 발전해도 신뢰는 알고리즘으로 만들어지지 않는다. 비전은 데이터 분석으로 나오지 않는다. 용기는 AI가 대신해주지 못한다.

결국 AI 시대의 리더십은 '기술을 이해하는 것'이 아니라 '기술과 함께 사람을 이끄는 것'이다. AI가 만든 인사이트를 어떻게 팀원들에게 전달할 것인가? AI가 찾아낸 기회를 어떻게 조직의 성장으로 연결할 것인가? AI가 제시한 위험을 어떻게 함께 극복할 것인가?

이런 질문들에 답하는 것이 진짜 리더의 일이다. 그리고 이 질문들은 예전과는 완전히 다른 형태를 띠고 있다. '무엇을 해야 하는가'에서 '어떻게 함께할 것인가'로, '답을 아는 것'에서 '더 나은 질문을 찾는 것'으로 변하고 있다.

왜
생성형 리더십인가

넷플릭스 사용자 열 명 중 여덟 명은 AI가 골라준 콘텐츠를 본다. 스스로 찾아서 재생 버튼을 누르는 게 아니다. 넷플릭스가 추천한 것을 그대로 선택한다. 검색창에 제목을 입력하는 사람보다, 홈 화면에 뜬 섬네일을 클릭하는 사람이 압도적으로 많다. 이렇게 높은 수치가 나온 이유는 단순히 기술이 뛰어나서만은 아니었다. 리더가 AI를 바라보는 관점부터 남달랐다.

넷플릭스의 공동 대표 테드 사란도스는 2024년부터 AI에 대해 일관된 메시지를 냈다. 같은 해 5월, 그는 〈뉴욕타임스〉와의 인터뷰에서 이렇게 말했다.

"AI가 당신의 일자리를 빼앗지는 않는다. 다만 AI를 제대로 쓰는 사람이 당신의 자리를 차지할 수는 있다."

1년 뒤인 2025년 4월, 그는 투자자들 앞에서 더 명확하게 표현했다.

"영화 제작비를 절반으로 줄이는 것보다 품질을 10%만 높이는 게 훨씬 더 큰 기회다."

비용을 아끼는 도구가 아니라 창작을 돕는 파트너로 AI를 본다는 뜻이었다. 넷플릭스는 2024년 아르헨티나 SF 시리즈 '엘 에테르나우타' 제작에서 AI 기반 시각효과 도구를 썼다. 부에노스아이레스의 건물이 무너지는 장면을 기존 방식보다 열 배 빠르게 완성했다. 예산이 적은 비영어권 콘텐츠에서도 할리우드 수준의 영상을 만들 수 있었다. 제작진은 기술적 한계 때문에 포기했을 장면들을 실제로 구현할 수 있었다.

AI를 대하는 방식을 보면 2가지 태도가 분명하게 구분된다. 과거 많은 회사가 데이터 분석 결과를 그대로 받아들였다. '30대 남성이 액션 영화를 많이 본다'는 패턴을 찾으면 그대로 액션 영화를 추천했고, 추천이 얼마나 정확한지만 따졌다. 결과가 전부였다.

하지만 넷플릭스는 여기서 한발 더 나갔다. 같은 30대 남성이라도 금요일 밤과 월요일 아침의 기분이 다르다는 걸 고려했다. 퇴근 후에는 머리 쓰지 않고 볼 수 있는 것을 원하고, 출근 준비 중에는 짧고 가벼운 것을 찾는다는 맥락을 읽으려 했다. 숫자 너머에 있는 사람의 상황과 감정까지 이해하려는 시도였다. 그저 결과만 보는 게 아니라 왜 그 선택을 했는지 과정을 중요하게 여겼다.

도구를 쓰는 방식도 달랐다. 일반적으로 AI는 명령을 입력하면 결과를 출력하는 기계로 취급받는다. 질문을 던지고 답을 받는 관계다. 그런데 넷플릭스는 AI를 대화 상대로 봤다. 문제를 함께 정의하고 해결책을 같이 찾아가는 파트너였다. 엔지니어들은 단순히 데이터를 수집하고 분석하는 데서 그치지 않았다. AI가 찾아낸 패턴의 의미를 계속 질문했다. 이 추천이 왜 나왔는지, 사용자에게 실제로 도움이 되는지, 더 나은 방법은 없는지 끊임없이 검토했다.

이런 리더십은 조직 문화로 자리 잡았다. 넷플릭스 직원들은 AI가 내놓은 결과를 받아들이기 전에 한 번 더 생각하게 됐다. 항상 한 번 더 생각했다. AI 분석이 맞는지 의심하고, 빠진 부분은 없는지 찾고, 더 나은 활용법은 없는지 고민했다. 기술을 가져다 쓰는 게 아니라 기술과 함께 진화하는 문화가 만들어졌다.

테드 사란도스의 말처럼 AI 자체가 일자리를 빼앗지는 않는다. 하지만 AI를 어떻게 보느냐에 따라 결과는 완전히 달라진다. 명령을 수행하는 도구로 볼 것인가, 함께 문제를 푸는 파트너로 볼 것인가. 비용을 줄이는 수단으로 쓸 것인가, 품질을 높이는 방법으로 활용할 것인가. 결과만 확인할 것인가, 과정까지 이해할 것인가.

넷플릭스 사용자 열 명 중 여덟 명이 AI 추천을 따르는 이유는 기술이 뛰어나서만은 아니다. 그 기술을 대하는 리더의 태도가 달랐기 때문이다. 새로운 기술을 들여온 게 아니라 기술을 보는 눈을 바꿨다. 마인드셋의 차이가 만든 결과였다. 넷플릭스는 AI 시대의 새로운 리더십이 무엇인지 보여주었다.

리더십의 3단계 진화:
지시 → 참여 → 생성

이런 장면을 상상해보자. 한 국내 대기업 기술연구소, 월요일 오전 회의실의 공기가 평소와 달랐다. 개발팀 팀장이 화이트보드 앞에 서서 이렇게 말한다.

"오늘은 질문을 바꿔보겠습니다. '차세대 제품을 어떻게 개발할까'가 아니라 'AI와 함께 우리 팀의 일하는 방식을 어떻게 바꿔볼 수 있을까?'로요."

팀원들은 처음엔 어리둥절해한다. 20년 경력의 한 수석 연구원은 노트북을 덮을 뻔했다. 하지만 30분 후, 회의실 분위기가 완전히 바뀐다. 막내 개발자가 챗GPT와 대화하며 찾아낸 아이디어를 화면에 띄우고, 옆자리 동료가 즉석에서 그것을 발전시킨다. 1시간 동안 나온 아이디어가 지난 3개월 치보다 많다. 그 팀장은 나중에 이렇게 말한다.

"20년 동안 답을 주는 리더였는데, 이제야 함께 답을 만드는 게 뭔지 알 것 같아요."

이런 변화가 실제로 전 세계 기업들에서 일어나고 있다. 넷플릭스부터 국내 대기업까지, 리더십이 근본적으로 바뀌고 있다.

돌이켜보면 우리가 아는 리더십은 늘 '지시'에서 시작했다. 1970년대 포드 자동차 공장의 반장도, 1990년대 국내 제조업 현장의 공장장도, 2010년대 은행 지점장도 마찬가지였다.

"이번 주까지 시장 조사 보고서 완성해라."

명확하고 단순했다. 리더는 명령하고, 직원은 수행했다. 이런 방식이 나쁜 건 아니다. 대량생산 시대에는 이 방식이 오히려 효율적이었다. 문제는 사람이 로봇처럼 변해간다는 거였다.

그래서 등장한 게 '참여형 리더십'이다. 특히 수평적 소통이 화두가 되면서 확산됐다. 명령이 질문으로 바뀌었다.

"시장 상황을 어떻게 분석하면 좋을까?"

함께 고민하자는 초대였다. 이와 더불어 구글이 만든 '심리적 안전감'이라는 개념이 퍼져나갔다. 실패해도 괜찮다, 틀려도 괜찮다, 중요한 건 시도라고 말했다. 실제로 효과가 있었다. 갤럽 조사에 따르면 권한을 나눠주는 기업의 고객 만족도가 평균 10% 올라갔다. 직원들이 주인의식을 갖기 시작한 것이다.

그런데 챗GPT가 세상에 나오면서 게임의 룰이 또 바뀌었다. 이제는 '생성형 리더십(Generative Leadership)'의 시대가 열린 것이다. 생성형 리더십은 AI가 콘텐츠를 생성하듯, 리더가 AI와 함께 새로운 가치를 만들어내는 리더십을 말한다. 이제 리더는 '답을 찾는 사람'이 아니라 '답을 만들어내는 사람'이 되었다. 챗GPT가 글을 생성하듯, 미드저니(텍스트 설명만으로 이미지를 만들어주는 AI)가 이미지를 생성하듯, 생성형 리더는 AI와 함께 새로운 가치를 만들어낸다.

차이를 쉽게 설명하면 이렇다. 지시형 리더는 답을 '준다'. 참여형 리더는 답을 '찾는다'. 생성형 리더는 답을 '만든다'. AI라는 새로운 팀원과 함께 새로운 길을 만들어내는 것, 그것이 생성형 리더십의 본질이다.

리더십의 3단계 진화

구분	지시형 리더십	참여형 리더십	생성형 리더십
시대	~2000년대 초	2010~2020년대 초	2023년 이후
리더의 역할	답을 준다	답을 찾는다	답을 만든다
핵심 질문	무엇을 할 것인가?	어떻게 할 것인가?	AI와 함께 무엇을 만들 것인가?
의사결정 방식	리더 단독 결정	팀과 공동 결정	AI와 협업해 창조
팀 관계	명령-수행	동반자	공동 창조자
AI 인식	자동화 도구	효율 보조 수단	협업 파트너
핵심 역량	실행력	소통력	창조적 협업 능력
초점	결과(무엇을)	과정(어떻게)	가능성(무엇이 가능해졌나)
성공 기준	빠르고 정확한 수행	팀의 참여와 만족	새로운 가치 창출

실제 현장의 변화는 놀랍다. 한 스타트업 CEO가 들려준 이야기다.

"예전엔 실리콘밸리 따라 하기 바빴어요. 우버가 성공하면 우리도 O2O(온라인과 오프라인을 연결하는 서비스), 에어비앤비가 뜨면 우리도 공유경제. 그런데 이제는 달라요. AI와 브레인스토밍하면서 아무도 시도하지 않은 비즈니스 모델을 만들어요."

물론 모든 기업이 여기까지 온 건 아니다. 여전히 '시켜서 하는 일'에 머물러 있는 곳이 많다. 일부는 이제 막 '함께 의논하는' 단계로 넘어가는 중이다. 하지만 방향은 분명하다. AI와 함께 일하는 시대, 리더는 명령자도 조정자도 아닌 창조자가 되어야 한다.

산업화 시대엔 효율적 실행이 중요했다. 정보화 시대엔 빠른 소통이 핵심이었다. AI 시대엔 창조적 협업이 승부를 가른다. 생성형으로의 진화는 거창한 변혁이 아니라, 월요일 아침 리더가 회의실에서 던지는 질문 하나에서 시작되는지도 모른다.

글로벌 리더들의 질문, AI와 함께 무엇을 생성할 수 있는가

/

아마존 창립자 제프 베이조스는 늘 3가지 질문으로 의사결정을 시작했다.

"고객이 정말 원하는 건 뭔가?"

"10년 후에도 변하지 않는 건 뭔가?"

"Day 1 마인드(첫날의 열정과 초심)를 유지하려면 어떤 질문을 해야 하나?"

이 질문들은 아마존을 온라인 서점에서 세계 최대 이커머스 기업으로 만든 원동력이었다.

그런데 AI가 도입되면서 이 질문들이 진화하기 시작했다. 예전에는 "더 빠른 배송을 어떻게 할까?"라는 실행 중심의 질문이었다면, 이제는 "AI가 제안한 배송 최적화가 고객이 진짜 원하는 것과 맞을까?"라는 검증의 질문으로 바뀌었다. 여기서 한발 더 나아가 "AI가 분석한 고객 데이터에서 우리가 놓친 감정적 요소는 뭘까?" 라는 본질적 물음까지 던지게 되었다.

이런 질문의 변화가 가져온 결과는 구체적인 숫자로 증명되었다. 아마존 전체 매출의 35%가 AI 추천 시스템을 통해 발생하고 있는 것이다. 이는 고객 세 명 중 한 명은 AI가 골라준 상품을 산다는 의미다. 2024년에 출시한 루퍼스(Rufus)는 아마존 앱 안에서 고객의 쇼핑을 돕는 AI 비서다. "여름 캠핑에 필요한 것 추천해줘"라고 요청하면 텐트부터 랜턴까지 필요한 상품을 찾아준다. "이 제품과 저 제품의 차이가 뭐야?"라고 물으면 비교 분석까지 해준다. 이것은 출시 몇 달 만에 수백만 명이 일상적으로 사용하는 필수 도구가 되었다.

그뿐 아니다. 내부 개발자들이 사용하는 AI 코딩 도우미가 절약한 시간을 모두 합치면 4,500년분에 달한다는 계산이 나왔다. 이는 한 사람이 고대 이집트 피라미드가 세워지던 시절부터 지금까지 쉬지 않고 일해야 하는 시간이다. 이제 아마존은 한 걸음 더 나아가 직원 승진 요건에 AI 활용 능력 입증을 포함했다. 이는 권장 사항이 아닌 의무 조항이다. AI를 제대로 활용하지 못하는 직원은 아무리 다른 능력이 뛰어나도 승진할 수 없게 된 것이다.

구글 CEO 순다르 피차이는 '만약 ~라면 어떨까(What if)' 시나리오 기법을 즐겨 쓰는 것으로 유명하다. 이 방법은 현재 상황을 그대로 받아들이지 않고, "만약 이렇게 된다면 어떻게 될까?"라고 가정하며 미래를 상상하는 사고방식이다. 예를 들어 "만약 모든 사람이 스마트폰으로 검색한다면?"이라는 질문이 모바일 우선 전략을 만들어낸다. 피차이는 이런 질문으로 구글의 방향을 잡아왔다.

AI 시대에 들어서면서 이 방법론은 완전히 새롭게 진화했다. 2023년 챗GPT가 혜성처럼 등장해 구글의 검색 시장 지배력이 흔들리던 그 시기, 구글 마운틴뷰 본사는 비상이 걸렸고 모든 임원이 대응 전략을 고민하고 있었다. 그러나 피차이는 전혀 다른 접근을 택했다. 대부분의 임원이 "만약 챗GPT가 우리 검색 시장을 빼앗아 간다면 어떻게 대응할까?"라는 방어적 질문에 매달려 있을 때, 그는 이미 한발 앞서 나가 있었다. 그는 이런 질문을 던졌다.

"AI가 분석한 수십억 사용자들의 검색 패턴을 보면, 사람들이 진짜 원하는 건 일방적 정보 검색이 아니라 대화를 통한 문제 해결이다. 그렇다면 검색과 대화형 AI가 만나는 지점은 정확히 어디일까?"

이 질문 하나가 구글의 운명을 바꿨다고 해도 과언이 아니다. 피차이의 질문에서 핵심은 '대화와 검색의 만남'이었다. 구글에게는 20년 넘게 검색 분야에서 쌓아온 데이터와 기술이 있었다. 이를 대화형 AI와 결합하면 단순히 챗GPT를 복사하는 게 아니라 완전히 새로운 경험을 만들 수 있다는 걸 깨달았다.

그래서 탄생한 게 '제미나이(Gemini)'다. 제미나이는 처음부터 텍스트, 이미지, 음성, 동영상을 동시에 이해하도록 설계되었다. 사용자가 "이 사진 속 꽃 이름이 뭐야?"라고 물으면 이미지를 분석해 답하고, 이어서 "이 꽃을 키우려면 어떻게 해야 해?"라는 질문까지 맥락을 이어가며 대화할 수 있다. 단순히 검색 결과 목록을 보여주는 게 아니라, 마치 전문가와 대화하듯 문제를 해결해주는 것이다. 바로 이 사고의 전환이 제미나이 개발로 이어졌고, 그저 챗GPT를 따라잡는 게 아니라 구글만의 독특한 AI 모델을 만들어내는 계기가 되었다.

지금 구글은 매년 최소 1개 이상의 혁신적인 AI 알고리즘이나 모델을 개발한다는 목표를 세우고 실제로 달성하고 있다. 이는 단순한 기술 개발이 아니라 질문하는 방식 자체를 바꾼 결과라고 피차이는 강조한다.

마이크로소프트 CEO 사티아 나델라가 2014년 취임했을 때, 그가 가장 먼저 한 일은 회사의 미션을 다시 쓰는 것이었다. '모든 사람과 조직이 더 많은 것을 성취할 수 있도록 역량을 강화한다'는 새로운 미션은 당시 침체기에 빠져 있던 마이크로소프트에 활력을 불어넣었다. 이 한 문장이 회사의 시가총액을 10년 만에 10배 이상 끌어올리는 출발점이 되었다. 그런데 AI 시대가 열리면서 나델라는 이 미션을 다시 한번 진화시켰다. "AI와 함께 어떻게 더 많은 것을 성취할 수 있을까?"라는 질문으로 확장한 것이다.

나델라가 임원들에게 끊임없이 강조하는 4가지 AI 리더십 원칙이 있다. 첫째는 성장 마인드셋으로, AI를 일방적인 도구가 아니라 함께 학습하고 성장하는 파트너로 본다. 둘째는 다양성과 포용으로, AI의 편향성을 해결하기 위해 다양한 관점을 수용한다. 셋째는 고객 집착으로, AI 기술 자체가 아닌 고객이 얻는 가치에 집중한다.

넷째는 파트너 성공으로, AI를 통해 협력사들과 함께 성장하는 생태계를 만드는 것이다.

나델라가 최근 한 콘퍼런스에서 한 말이 이 모든 것을 압축적으로 보여준다.

"AI 시대의 리더십은 '우리가 무엇을 할 수 있는가?'에서 '우리가 AI와 함께 무엇을 생성할 수 있는가?'로 질문을 확장하는 것이다."

실제로 이런 사고의 전환이 코파일럿 같은 혁신적인 제품을 만들어내는 원동력이 되었다. 나델라가 말한 '생성(generate)'이라는 단어는 단순한 비유가 아니다. AI와 함께 새로운 가치를 만들어내는 생성형 리더십의 핵심을 정확히 짚은 것이다.

생성형 리더의 3가지 핵심 마인드

AI는 이제 단순한 도구가 아니라 함께 창조하는 파트너다. 하지만 진정한 생성형 리더십은 AI가 만들어낸 결과를 그대로 받아들이는 것이 아니다. 그 결과를 '출발점'으로 삼아 더 큰 가치를 만들어내는 것이다.

이때 중요한 것은 기술이 아니라 리더의 마음가짐이다. 의심의 눈으로 보면 AI는 위험하게만 보이고, 내 자리를 위협하는 존재처럼 느껴진다. 호기심의 눈으로 바라볼 때, 비로소 가능성이 보이기 시작한다. 긍정적 마음가짐이 AI를 리더의 생각을 확장하는 파트너로 바꾼다.

그렇다면 생성형 리더는 어떤 마음가짐을 가져야 할까? 실리콘밸리의 선도 기업들이 보여준 3가지 핵심 마인드를 살펴보자.

협업
Collaborate
AI를 파트너로 대하라

도전
Challenge
익숙한 방식을 의심하라

선택
Choose
결정하고 책임져라

협업:
AI를 파트너로 대하라

회의실의 스크린 위, AI가 제시한 분석 결과가 떠오른다. 생성형 리더는 그 숫자를 끝이 아닌 대화의 시작으로 본다. 그는 AI를 부하가 아니라 동료로 대한다. 명령을 내리는 대신 함께 문제를 정의하고, 그 안에서 새로운 해법을 찾아간다.

앞서 살펴본 넷플릭스는 AI의 시청 패턴 분석에 시간대, 요일, 기기 같은 상황 정보를 더했다. 같은 장르를 좋아하는 사람이라도 금요일 밤과 월요일 아침의 기분이 다르다는 점을 고려한 것이다. 데이터는 패턴을 보여줬지만, 그 패턴 너머의 사람을 볼 수 있는 것은 인간이었다. 그렇게 AI와 인간이 협업한 결과, 사용자의 약 80%가 추천된 콘텐츠를 시청하는 성과를 만들어냈다.

협업은 한 번에 완성되지 않는다. 처음엔 AI가 숫자를 보여준다.

그다음 인간이 그 숫자에 숨은 이유를 읽는다. 그리고 어느 순간, 두 시선이 맞닿는다. 그때 전혀 새로운 아이디어가 탄생한다. 넷플릭스가 AI의 분석에 '시간대별 감정의 변화'를 더해 맞춤형 추천 시스템을 만든 것도 바로 이런 과정이었다. AI는 계산할 수 있지만, 공감할 수는 없다. 사람의 마음을 읽는 것은 여전히 사람의 몫이다.

협업의 범위는 조직 내부에만 머물지 않는다. 때로는 예상치 못한 곳에서, 심지어 경쟁사와도 협업이 시작된다. 포토샵으로 유명한 어도비(Adobe)는 2025년, 뜻밖의 결정을 내렸다. 오랜 경쟁사인 구글의 생성형 AI를 자사 프로그램에 받아들인 것이다. 구글이 만든 '제미나이 2.5 플래시 이미지(Gemini 2.5 Flash Image)'는 코드명 '나노 바나나(Nano Banana)'로 불렸는데, 이미지를 편집할 때 원본의 느낌을 살리면서도 자연스럽게 바꾸는 능력이 뛰어났다. 어도비도 자체 개발한 AI 모델 '파이어플라이(Firefly)'가 있었지만 사용자들에게 더 좋은 결과를 주려면 구글의 기술이 필요했다. 어도비는 고민 끝에 자사의 모든 이미지 편집 프로그램에서 2가지 AI를 함께 선택할 수 있게 만들었다.

실제 구글의 나노 바나나 발표 직후, 주가는 곤두박질쳤다. 단 90분 만에 8%가 빠졌다. 투자자들은 불안했지만, 어도비는 흔들리지 않았다. 그들의 선택은 '경쟁'이 아니라 '협력'이었다. 사용자들에게 여러 AI 모델 중 최적의 도구를 고를 수 있는 선택권을 제공한 것이다.

어도비가 보여준 것은 간단했다. 내가 만든 것만 고집할 이유가 없다는 것이다. 고객에게 더 나은 결과를 줄 수 있다면 경쟁사의 기술도 받아들인다. 자존심보다 실용이 먼저다.

넷플릭스가 AI와 인간의 협업으로 사용자의 마음을 읽었다면, 어도비는 AI 플랫폼 간의 협업으로 창작자들에게 최고의 도구를 제공했다. 협업의 형태는 다르지만, 핵심은 같다. 혼자보다 함께일 때 더 나은 결과가 나온다는 믿음이다.

하지만 협업만으로는 충분하지 않다. 새로운 가치 창조는 늘 익숙한 것에 대한 '도전'에서 시작된다.

도전:
익숙한 방식을 의심하라
/

2023년 3월, 테슬라 투자자의 날. 무대 위 스크린에 낯선 공장 그림이 떴다. 자동차가 한 줄로 움직이는 컨베이어 벨트가 보이지 않았다. 관객들은 술렁였다. 생성형 리더의 도전은 이렇게, 모두가 당연하게 여기던 것을 깨는 순간에서 시작된다.

전통적인 자동차 제조는 헨리 포드가 100년 전 만든 컨베이어 벨트 방식을 따른다. 차량이 벨트를 타고 천천히 이동하면서 각 공정에서 부품이 하나씩 조립되는 방식이다.

테슬라의 언박스드(Unboxed) 방식은 완전히 다르다. '언박싱'이란 '상자에서 꺼낸다'는 뜻인데, 여기서는 차량을 여러 개의 독립된

조각으로 나눈다는 의미다. 차량은 더 이상 한 줄로 움직이지 않는다. 여러 팀이 동시에 각자 맡은 조각을 만든다. 마치 레고 블록을 조립하듯, 각 파트를 독립적으로 완성한 뒤 마지막에 하나로 합친다. '컨베이어 벨트' 대신 '언박싱'. 100년의 질서가 뒤집혔다.

이 방식을 통해 공장 면적이 40% 줄어들고, 생산 비용은 50% 감소했다. 차량 생산 속도는 25% 빨라지고, 필요한 작업자는 40% 줄어들었다. 2025년 10월 테슬라의 상하이 공장에서는 '모델(Model) Y' 한 대를 생산하는 데 2.5시간만 걸렸다. 95%의 로봇 자동화와 언박스드 방식의 병렬 조립이 만들어낸 혁신적인 숫자이다.

AI는 수백만 마일의 데이터를 모아 패턴을 찾았다. 하지만 그 데이터가 보여주지 못한 것은 '다른 방법이 있을 수도 있다'는 상상력이었다. 그 빈자리를 채운 것이 바로 인간의 제1원리 사고였다. 제1원리 사고란 문제를 가장 기본적인 요소로 쪼개고, 기존의 생각을 모두 버린 채 처음부터 다시 생각하는 방식이다.

"왜 자동차는 꼭 컨베이어 벨트로 만들어야 하는가?"

이 짧은 질문 하나가 산업 100년의 공식을 무너뜨렸다.

도전은 테슬라만의 이야기가 아니다. 한국에서도 익숙한 방식에 물음표를 던지는 기업이 있다.

현대모비스는 2024년 6월, 창원공장에 '귀로 듣는' 품질 검사 시스템을 도입했다. 자동차 부품 공장에서 품질 검사는 늘 눈으로 하는 것이었다. 작업자가 직접 보고, 측정하고, 확인했다. 하지만 현대모비스는 물었다.

"왜 꼭 눈으로만 봐야 하는가?"

그들이 개발한 '어쿠스틱(Acoustic) AI'는 소리로 제품의 품질을 판정한다. 모터가 돌아가는 소리, 부품이 맞물리는 소리를 듣고 불량 여부를 찾아낸다. 1초에 한 대씩, 연간 130만 대의 부품을 검사한다. 사람의 귀로는 구분할 수 없는 미세한 차이를 AI가 잡아낸다.

기존에는 자동화 시스템이 불량 의심 제품을 1차로 걸러낸 뒤, 전문 인력이 재판별하는 방식이었다. 이제 AI가 1초 만에 판정을 내린다. 100년 넘게 이어진 '눈으로 보는' 검사 방식이 '귀로 듣는' 방식으로 바뀌는 순간이었다.

테슬라가 '만드는 방식'을 바꿨다면, 현대모비스는 '확인하는 방식'을 바꿨다. 질문의 대상은 달라도 본질은 같다. 당연하게 여겨지던 것에 "왜?"라고 묻는 용기다.

그러나 모든 도전의 끝에는 반드시 선택과 책임이 따른다. 방향을 정하는 순간, 리더의 진짜 시험이 시작된다.

선택:
결정하고 책임져라
/

2025년 타이베이, 컴퓨텍스(COMPUTEX) 전시회 무대 위. 검은 가죽 재킷을 입은 젠슨 황이 천천히 마이크를 들었다.

"AI는 이제 기반 시설입니다. 전기나 인터넷처럼 모든 산업의 토대가 될 것입니다."

순간 장내는 조용해졌다. 그 말은 막연한 전망이 아니라 선언이었다.

생성형 리더의 세 번째 마인드는 '선택(Choose)'이다. AI의 속도와 능력을 최대한 활용하되, 마지막 결정과 책임은 인간이 짊어진다. AI는 수천 가지 답을 제시하지만, 그중 어느 길을 택할지는 리더가 정해야 한다. 이것이 AI 시대 리더십의 핵심이다. 기술은 가능성을 보여주지만, 그 가능성 중 무엇을 현실로 만들지 결정하는 것은 여전히 사람의 몫이다.

엔비디아는 원래 게임용 그래픽카드를 만드는 회사였다. 1999년 설립 이후 20년 넘게 게임 산업에 집중했던 이 회사가 지금은 AI 칩 시장의 80%를 장악하고 있다. 어떻게 이런 변화가 가능했을까?

젠슨 황은 2012년, AI 붐이 일어나기 훨씬 전부터 한 가지 가능성에 주목했다. 게임 그래픽 처리에 쓰이던 GPU(그래픽 처리 장치)가 AI 연산에도 활용될 수 있다는 점이었다. 당시만 해도 AI는 연구실의 실험 정도로 여겨졌다. 시장도 형성되지 않았고 수요도 불확실했다. 하지만 그는 과감히 AI 쪽으로 방향을 틀었다.

그는 여러 강연과 인터뷰에서 이런 철학을 강조해왔다. 시장의 요구를 단순히 따라가는 것이 아니라, 아직 존재하지 않는 시장을 먼저 상상하고 그 미래를 준비하는 것. 그것이 엔비디아의 성공 비결이었다. 그 선택이 엔비디아를 'AI 시대의 기반 시설' 기업으로 바꿔놓았다. 2023년 엔비디아의 시가총액은 애플을 넘어섰고, AI

칩 수요가 폭발하면서 한 해에만 매출이 3배 이상 증가했다.

AI는 데이터를 분석해 현재를 설명할 수 있다. 통계를 제시하고, 패턴을 찾아낸다. 하지만 '아직 없는 미래'를 상상하고 만들어내는 일은 여전히 인간의 몫이다. 리더는 그 수많은 가능성 중 하나를 '선택'해야 하고, 그 선택의 결과에 책임을 져야 한다.

뇌과학자 장동선 박사는 경고한다.

"AI가 생각을 대신해주는 순간, 인간은 판단하는 법을 잊게 됩니다."

비판적 사고란 의심의 능력이다. AI의 답을 검증 없이 받아들이는 순간, 생각은 멈추고 창의성은 사라진다.

AI의 답을 그대로 받아들이는 순간, 인간은 판단 근육을 잃는다. 의심하고 검증하는 일, 그것이 비판적 사고의 본질이다. 리더는 AI의 제안 앞에서 '왜 이 답이 맞는가'를 끝까지 따져야 한다.

미국의 기업 연구 기관 가트너가 2024년 전 세계 300개 기업을 조사한 결과에 따르면 같은 AI 도구를 사용하더라도 AI를 파트너로 본 조직은 실수를 줄일 수 있었고, AI에 의존한 조직은 오히려 실수가 늘었다고 한다. 기술이 아니라 '태도'가 성패를 나눈 것이다.

협업하고, 도전하고, 선택하라

AI는 강력한 창조의 파트너이지만, 방향을 정하는 것은 언제나 인간이다. 기술이 세상을 바꾸지 않는다. 세상을 바꾸는 건 그 기술을 믿고 결단하는 리더다. 협업하고, 도전하고, 선택하라. 그것이 생성형 리더의 리듬이며, 미래를 움직이는 인간의 용기다.

리더십의 본질은 결국 용기다. 그중에서도, 결정의 순간을 외면하지 않는 용기다. 매킨지 연구에 따르면, AI 자동화 시스템의 정확도는 99.8%에 이른다. 그러나 이 수치가 의미하는 것은 단순한 '정확성'이 아니다. AI가 반복 업무를 대신할 때, 인간은 비로소 더 중요한 질문을 던질 시간을 얻는다는 것이다.

"우리 팀이 정말 해결해야 할 문제는 무엇인가?" "고객이 진짜 원하는 것은 무엇인가?" "3년 후 우리는 어디로 가야 하는가?"

이런 질문들은 AI가 대신 던져줄 수 없다. 데이터로는 보이지 않는 맥락과 직관, 그리고 용기가 필요하기 때문이다.

AI는 강력한 창조의 파트너다. 하지만 방향을 정하는 것은 언제나 인간이다. 기술이 세상을 바꾸는 것이 아니라, 그 기술을 바라보는 리더의 관점이 세상을 바꾼다.

질문하는 리더십에서 생성하는 리더십으로의 진화는 도구 차원의 변화가 아니라 사고방식의 근본적인 전환을 의미한다. 과거의 리더가 답을 알고 지시하는 사람이었다면, 현재의 리더는 올바른 질문을 던지는 사람이 되었고, 이제는 그 질문들로부터 새로운 가능성을 생성하는 사람이 되어야 한다. 결국 미래를 만드는 것은 AI가 아니라, 그 AI를 믿고 결단하는 인간의 용기다.

무한한 생성의 아이러니

생성형 리더십이라는 새로운 패러다임이 가져온 가능성은 분명 매혹적이다. AI와의 협업을 통해 이전에는 상상할 수 없었던 속도로 아이디어를 구현하고, 수십 가지 시나리오를 동시에 검토하며, 끊임없이 새로운 비즈니스 솔루션을 만들어낼 수 있게 되었다. 하지만 이러한 무한한 생성의 시대가 도래하면서 역설적으로 더욱 중요해진 것이 있다.

그것은 바로 선별과 판단의 능력이다. 마치 인쇄술의 발명이 정보의 홍수를 가져왔고, 그로 인해 오히려 비판적 읽기 능력이 중요해진 것처럼, AI가 만들어내는 무수한 가능성 속에서 진짜 가치를 찾아내는 안목이 리더십의 핵심 역량으로 부상하고 있다. 많이 생성하는 것과 의미 있게 생성하는 것의 차이, 빠르게 만들어내는 것과 올바른 방향으로 나아가는 것의 구분, 이것이 생성형 시대의 리더가 반드시 갖춰야 할 균형 감각이다.

생성은 그 자체로 목적이 될 수 없다는 사실을 많은 조직이 경험을 통해 깨닫고 있다. AI를 도입한 초기, 대부분의 팀은 생산량의 폭발적 증가에 도취되어 있었다. 하루에 수백 개의 마케팅 카피를 만들어내고, 수십 가지 버전의 보고서를 생성하며, 끝없이 새로운 기능과 서비스를 구상했다. 그러나 시간이 지나면서 양적 팽창이 질적 성장으로 이어지지 않는다는 것을 발견하게 되었다.

오히려 너무 많은 선택지가 의사결정을 마비시키고, 과도한 생성물이 핵심 가치를 희석하며, 빠른 속도가 방향성을 잃게 만드는 경우가 빈번했다. 이는 생성형 리더십이 그저 AI를 활용해 더 많이, 더 빨리 만들어내는 것이 아니라, 무엇을 왜 만들어야 하는지에 대한 깊은 성찰과 전략적 판단을 요구한다는 것을 보여준다.

균형 잡힌 생성형 리더십의 핵심은 AI의 능력을 최대한 활용하면서도 인간 고유의 판단력과 가치관을 포기하지 않는 데 있다. AI가 제시하는 수많은 옵션은 가능성의 지평을 넓혀주지만, 그중에서 조직의 미션과 비전에 부합하는 것을 선택하고, 고객에게 진정한 가치를 전달할 수 있는 것을 골라내며, 장기적으로 지속 가능한 성장에 기여할 수 있는 것을 판별하는 것은 여전히 리더의 몫이다.

이 과정에서 AI는 단순한 도구가 아니라 사고의 파트너가 되고, 창의성의 촉매가 되며, 혁신의 동반자가 된다. 하지만 이 모든 과정에서 방향을 설정하고, 가치를 판단하며, 책임을 지는 것은 인간 리더의 영역으로 남아 있다. 생성형 리더십의 시대가 요구하는 것은 AI와 함께 무한한 가능성을 탐색하되, 그 속에서 진정한 의미와 가치를 발견하고 실현하는 지혜로운 리더십이다.

이러한 변화의 물결 속에서 각 조직과 리더는 자신만의 균형점을 찾아가고 있다. 어떤 이들은 AI를 통해 업무의 효율성을 극대화하는 데 집중하고, 어떤 이들은 창의성과 혁신의 도구로 활용하며, 또 어떤 이들은 의사결정의 질을 높이는 데 활용한다.

정답은 하나가 아니다. 각자의 상황과 목표에 맞는 최적의 방법을 찾아가는 과정 자체가 생성형 리더십의 여정이다. 중요한 것은

AI가 제공하는 가능성에 압도되지 않으면서도, 그 잠재력을 충분히 활용할 수 있는 지혜와 용기를 갖추는 것이다. 생성형 리더십은 이제 막 시작되었고, 그 진화의 방향과 속도는 우리 모두의 선택과 실천에 달려 있다.

지금까지 우리는 넷플릭스, 마이크로소프트 같은 거대 기업들이 AI를 통해 어떻게 비전을 재설계했는지 살펴보았다. 하지만 이 거창한 비전들이 실제로 작동하는 곳은 CEO의 집무실이 아니다. 바로 당신이 이끄는 '팀'의 회의실이다.

CEO가 "AI로 생산성을 높이자"라고 선언할 때, 실제로 그 생산성을 만들어내는 것은 "김 대리, 이번 보고서 초안은 AI로 먼저 잡아보자"라고 말하는 팀장의 구체적인 지시다. CEO가 "데이터 기반으로 일하자"라고 외칠 때, 실제로 데이터를 분석해 인사이트를 뽑아내는 것은 "이 데이터를 AI에 넣어서 패턴을 찾아보자"라고 제안하는 팀장의 행동이다.

이처럼 AI 시대의 팀장은 전통적인 관리자가 아니다. 회사의 추상적인 전략을 AI라는 도구를 통해 구체적인 성과로 번역해내는 '실행 설계자'다.

그렇다면 이제 질문을 바꿔보겠다. 거대한 담론은 잠시 내려놓고, 내일 아침에 당장 우리 팀의 업무 효율을 높이기 위해 AI에게 어떤 말을 걸어야 할까? 다음 장에서는 그 구체적인 방법론을, 아주 사소하고 디테일한 '프롬프트' 단위부터 시작해보겠다.

AI LEADERSHIP

2장

AI를 나만의 팀원으로 만들어라

같은 AI인데 왜 나만 바보 같은 답을 들을까?

2024년 9월 어느 늦은 밤, 통신회사 교육팀 사무실. 모니터 화면의 커서만 깜박거리고 있었다. 챗GPT와의 대화창에는 "5G 기술을 쉽게 설명해줘"라는 문장 아래, 위키피디아를 복사한 듯한 답변이 있었다. 이미 수십 번째 요청이었다.

내일 오전, '5G 네트워크 구축 실무' 교육에는 현장 엔지니어 30명이 앉아 있을 것이다. 20년 넘게 통신 장비를 다뤄온 이들에게 "5G는 제5세대 이동통신 기술입니다"라고 설명한다? 교육장이 얼어붙을 게 뻔했다. 챗GPT가 나온 지 1년이 넘었는데 왜 아직도 이 수준인지 이해가 안 돼 화가 날 정도였다.

그때 나는 AI에게 한마디만 던지고 완벽한 답을 기대했다. 마치 자판기에 동전을 넣듯이.

AI가 멍청한 건
질문이 멍청하기 때문

/

지금 돌아보면 한심하기 그지없었다. "요약해줘", "번역해줘", "정리해줘", "만들어줘"라는 4가지 명령어만 기계적으로 반복하며 구글 검색창에 키워드를 입력하듯 AI를 사용했다. 그나마도 나온 결과물 중 실제 업무에 활용할 만한 것은 극소수에 불과했다.

당시 우리 교육팀은 매년 여러 가지의 교육 과정을 운영하고 있었다. 5G, 블록체인과 같은 신기술 교육부터 직무별 교육, 계층별 교육, 정보 보안 의무 교육까지 과정마다 상당한 분량의 교안과 실습 자료, 평가 문항이 필요했다. 매번 내용을 업데이트하고 새로운 과정을 개발하느라 팀원들이 밤늦게까지 사무실을 떠나지 못하는 게 일상이었다.

챗GPT가 처음 등장했을 때 모두가 품었던 기대, 이제 야근이 사라질 거라는 희망은 3개월이 지나도 실현되지 않았다. 오히려 AI가 만든 부실한 자료를 다시 작성하느라 더 많은 시간을 낭비하는 아이러니한 상황이 계속되었다.

교육 대상인 베테랑 엔지니어에게 5G의 기술적 우수성을 설명하는 것은 의미가 없었다. 실제로 필요한 것은 '4G 장비를 5G로 교체할 때 현장에서 마주치는 실무적 문제와 해결 방법'이었다. 그런데 AI는 계속해서 대학 교재에나 나올 법한 이론적 답변만 내놓았다.

그때 내 신입 시절이 떠올랐다. 첫 교육을 앞두고 선배가 끝없이 나에게 질문을 했다.

"교육 대상이 누구야? 본사 직원? 현장 직원? 신입? 경력직? 나이는? 학력은? 왜 이 교육을 받아? 자발적? 의무적?"

그제야 나는 교육 대상에 대해 전혀 모르면서 교육을 준비하고 있었다는 사실을 깨달았다. 그날 밤부터 72시간 동안 미친 듯이 테스트를 했다. 'AI에게도 이런 정보가 필요하지 않을까' 하는 정보를 넣기 시작한 것이다.

처음엔 평소처럼 "5G 네트워크 구축 실무 교육 자료 만들어줘"라고 입력했다. 예상대로 짧은 분량의 위키피디아 수준의 답변이 나왔다. 두 번째 시도부터는 맥락을 하나씩 추가했다. "교육 대상은 20년 경력 통신회사 현장 엔지니어들이고, 4G LTE 구축 경험은 풍부하지만 5G는 이론만 알고 있으며, 교육 시간은 반나절 정도 오전 중에 진행되고, 이론보다는 실무 중심으로 특히 기존 장비를 신형으로 교체할 때 달라지는 점을 단계별로 설명해야 한다"라는 구체적인 정보를 제공했다.

그러자 AI의 답변은 완전히 달라졌다. "구형 장비를 신형으로 전환할 때 가장 먼저 확인해야 할 것은 전원 용량입니다. 신형 장비는 전력 소모가 훨씬 크므로 기존 전원 설비로 감당 가능한지 반드시 점검이 필요합니다"라는 첫 문장부터 현장의 실제 문제를 다루고 있었다. 이어지는 내용도 무게 증가로 인한 구조물 보강 필요성, 광케이블 용량 확인, 공조 시스템 업그레이드 등 교과서에는 없지만 현장에서는 반드시 알아야 할 내용들로 채워져 있었다.

질문의 한 끗 차이가 결과를 바꾼다

초보자의 질문: "5G 기술을 쉽게 설명해줘."
결과: 위키피디아를 복사한 듯한 뻔한 이론적 정의만 나열됨. 현장 엔지니어들에게는 무용지물.

리더의 질문: "교육 대상은 20년 경력의 현장 엔지니어들이야. 구형 장비를 5G 신형으로 교체할 때 현장에서 겪는 실무적 문제(전원 용량, 공간 확보 등)와 해결법 위주로 설명해줘."(맥락 제공)
결과: "신형 장비의 전력 소모량 증가에 따른 전원 설비 점검 포인트" 같은 현장감 넘치는 실무 매뉴얼 탄생.

세 번째 실험에서는 더욱 구체적인 맥락을 제공했다. "이 엔지니어들은 주로 도심 지역에서 일하고 최근 민원이 늘어 작업 시간이 제한되어 있으며 안전 규정 강화로 2인 1조 작업이 의무화되었다"는 정보를 추가했다. 그러자 AI는 "도심 작업 시 건물 관리 시간과의 조율, 건물주와의 사전 협의를 통한 설비 손상 방지, 주차 공간 확보를 위한 사전 공지" 같은 실무적 조언을 내놓았다. 이는 마치 경력 많은 현장 매니저가 직접 작성한 것 같은 수준이었다.

네 번째 실험에서는 가상의 역할을 부여했다. "20년 경력의 통신회사 수석 엔지니어가 후배들에게 노하우를 전수한다고 생각하고 설명하라"고 지시하자, "처음 신형 장비 설치할 때 다들 구형이랑 비슷할 거라고 생각하는데 천만의 말씀이고, 데이터 전송 용량부터 완전히 다르니 돈 아끼려다 두 번 작업하지 말고 처음부터 제대로 된 사양으로 가야 한다"라는 현장감 넘치는 조언이 나왔다. 오픈AI의 「언어 모델은 적은 수의 예시만으로 학습 가능하다(Language Models are Few-Shot Learners)」 연구에서 언급한 대로, GPT 모델이 주어진 맥락 안에서 패턴을 학습하고 적용한다는 이론이 실무 현장에서 그대로 입증된 순간이었다.

그러나 맥락 제공만으로는 여전히 완전하게 만족스럽지 못했기에 부족한 부분을 채우기 위한 방법을 모색했다. 그러다 '고객 응대 스킬 향상' 교육을 준비하면서 중요한 발견을 하게 되었다. 콜센터 직원 대상 교육이었는데 AI가 만든 초안은 "안녕하세요, 무엇을 도와드릴까요?" 같은 교과서적 대화로 가득했다. 현실의 까다로운 고객을 상대해본 경험이 전무한 것이 명백했다.

화면을 자세히 살펴보니 AI가 계속해서 질문을 던지고 있었다. "어떤 유형의 고객 불만이 가장 많은가?", "평균 통화 시간은 얼마나 되는가?", "직원들이 가장 힘들어하는 상황은 무엇인가?"라는 질문들이었다. 지금까지는 이를 무시하고 넘어갔지만 시험 삼아 하나씩 답변하기 시작했다.

"속도 관련 불만이 가장 많고 그다음이 요금 문의, 단말기 A/S 순이며, 평균 통화 시간이 목표 시간보다 상당히 길고, 직원들이 가장 힘들어하는 것은 욕설과 인신공격인데 특히 나이 많은 남성 고객이 여직원에게 반말하고 무시하는 경우가 자주 발생한다."

AI가 추가로 "직원들의 평균 연령과 경력, 이직률, 동기 부여 방법"을 물어왔다. "대부분 20대 후반에서 30대 초반으로 평균 경력이 짧은 편이며, 이직률이 상당히 높고, 우수 직원에게는 인센티브와 추가 휴가를 제공한다"라고 답변했다. 30분간의 대화 끝에 AI가 내놓은 교육 커리큘럼은 단순한 응대 스킬이 아니라 '감정노동자 보호 프로그램'이라는 관점에서 완전히 재구성되어 있었다.

특히 인상적이었던 것은 고객 유형별 대응 스크립트를 감정 관리 기법과 결합한 제안이었다. 그냥 "이렇게 말하세요"가 아니라 "이런 고객을 만났을 때 느끼는 불편한 감정은 정상이며, 심호흡을 세 번 하고 이렇게 대응하세요"라는 식으로 감정 인정과 대처법을 함께 제시하는 방식이었다. 이러한 접근법을 교육에 반영한 결과 교육 후 평가에서 "실제 도움이 되었다"라는 긍정적인 응답이 과거보다 증가했다.

결국 문제의 핵심은 AI를 대하는 방식에 있었다. 이때를 계기로 나는 AI와의 상호작용 방식을 완전히 재정립하게 되었다. 일방적인 지시가 아니라 대화형 접근을 시작했다. 예를 들어 'AI 활용 교육' 프로그램을 개발할 때는 '우리 회사 직원들에게 AI 활용 교육을 하려는데, 필요한 정보가 무엇인지'부터 물어보는 방식으로 시작했다.

AI가 교육 대상자들의 현재 AI 활용 수준, 업무 특성, 가장 시간이 많이 걸리는 업무 등을 순차적으로 물어왔다. 이에 대해 "대부분 챗GPT를 써본 적은 있지만 번역이나 간단한 검색 정도로만 사용하며, 직원 대부분은 기술직이고 나머지는 영업과 지원 부서이며, 가장 시간이 걸리는 업무는 보고서 작성, 데이터 분석, 교육 자료 제작순"이라고 답변하자, AI는 부서별 맞춤 교육 트랙과 난이도별 단계적 학습 경로, 실무 프로젝트 기반 실습 과제까지 포함한 체계적인 커리큘럼을 제시했다.

스탠퍼드 대학 HAI 연구소가 2024년에 발표한 「대화형 인공지능: 멀티턴 대화의 위력(Conversational AI: The Power of Multi-Turn Dialogue)」 연구에서 단발성 질문-답변보다 다회차 대화를 통해 AI의 성능이 크게 향상된다는 결과와 정확히 일치하는 경험이었다.

질문이 바뀌면 답이 달라진다

/

회사에서 '신입사원 조기 정착 프로그램'을 개발하라는 지시가 있었을 때였다. 신입사원 조기 퇴사율이 위기에 이르렀다는 판단에서 새로운 접근이 필요했다.

처음엔 평소처럼 단순하게 "MZ세대 신입사원 교육 프로그램 만들어줘"라고 지시했다. 그러자 멘토링, 온보딩, 팀 빌딩 같은 이미 실시하고 있는 뻔한 프로그램들만 나열되었다. 이후에는 접근 방식을 바꿔봤다. 다음과 같이 열린 질문을 던져보고, 예시로 나온 질문도 똑같이 사용해봤다. 그러자 좀 더 통찰력 있고 유용한 답변이 나왔다.

22세 신입사원이라면 회사에서 가장 원하는 것이 무엇일까?

실수해도 괜찮다는 보장, 처음부터 완벽할 수 없는데 실수하면 바로 무능하다고 낙인찍히는 것에 대한 두려움입니다.

그렇다면 어떤 프로그램이 도움이 될까?

교육이라는 딱딱한 표현 대신 '적응 기간'이라고 부르고, 6개월 동안은 평가에 반영되지 않는 안전 기간을 보장하며, 매주 선배와 일 얘기가 아닌 진짜 수다를 떠는 시간을 갖는 것을 제안합니다.

더 나아가 AI에게 역할을 주는 질문을 해봤더니 적용해볼 만한 아이디어가 나왔다.

네가 프로그램 담당자라면 무엇을 하고 싶어?

'역멘토링'을 해보고 싶습니다. 신입사원이 임원들에게 틱톡 사용법, AI 이해하기, 메타버스 체험 같은 최신 트렌드를 가르치는 프로그램으로 "신입도 회사에 기여할 수 있다는 자신감을 주고 임원들은 MZ세대를 이해하게 되는 일석이조의 효과"가 있습니다.

가장 의외의 제안은 '운용실 멘토링'이었다. 신입사원들을 회의실이 아니라 실제 통신 운용실에서 케이블 하나하나를 만지면서 교육하자는 아이디어였다. "이론 교육을 받고 현장에 가면 당황하는데 처음부터 실물 장비 앞에서 선배가 1:1로 가르치면 책에서 배운 5G가 아니라 진짜 5G를 배울 수 있다"라는 설명이 따라왔다.

평범해 보였지만 실제로 우리는 늘 PPT로만 가르치고, 실제 장비는 현장 배치 후에나 만지게 했다는 문제점을 깨달았다. 그리고 이 아이디어를 발전시켜 '견학 프로그램'을 시작했다. 신입 교육 첫날부터 운용실 투어, 실제 기지국 방문, 긴급 보수 작업 참관까지 포함한 결과, 현장 적응 기간이 대폭 단축되는 성과를 거두었다.

정보 보안 의무 교육 자료를 준비하면서는 AI도 피드백을 통해 성장할 수 있다는 사실을 발견하게 되었다. 처음 AI가 만든 초안은 "개인정보보호법 제15조에 의거하여…" 같은 법률 조문으로 가득했지만, "내용은 정확하지만 너무 딱딱하니 좀 더 친근하게"라는 피드백을 주자 수정본이 나왔다. 여기서 만족하지 않고, "친근하긴 하지만 이번엔 너무 가벼우니 경각심은 주되 지루하지 않게"라고 추가 피드백을 주자 세 번째 수정본은 사례 중심으로 재구성되었다.

"최근 한 기업의 고객정보 유출 사건과 일부 직원이 USB를 분실한 것이 원인이 되어 막대한 과태료를 부과했다" 같은 실제 사례가 포함되었다. "사례는 좋지만 우리 회사와 연결이 안 되니 통신회사 특성을 반영해달라"라는 네 번째 피드백 후에 드디어 "고객정보 하나가 유출되면 우리 회사의 막대한 고객 규모를 생각할 때 '비밀번호 Post-it 금지'가 회사 생존 문제가 되는 이유"라는 임팩트 있는 메시지가 완성되었다.

같은 대화 안에서 AI는 이전 피드백을 기억하고 적용했다. 여러 번의 피드백을 거치면서 내가 원하는 바를 정확히 이해하고 언급하지 않은 부분까지 개선하는 모습을 보였다.

AI 환각을 막는 5가지 체크리스트

여기까지 오는 데 수많은 실패가 있었지만 그만큼 많은 교훈을 얻었다. 가장 큰 문제는 정보 과부하였다. '전사 디지털 전환 교육 체계 수립'이라는 거대한 과제를 긴 요구사항으로 한 번에 입력하자, AI의 답변은 현황과 목표가 섞이고 커리큘럼과 예산이 충돌했다. 혼란스러운 결과물이었다. 사람처럼 AI도 한 번에 처리할 수 있는 정보에 한계가 있는 것이다.

모순된 요구도 실패의 주요 원인이었다. "짧으면서 자세하게", "쉬우면서 전문적으로" 같은 요청을 했을 때 AI는 한 문단은 초등학생 수준, 다음 문단은 박사 논문 수준의 뒤죽박죽인 결과물을 내놓았다. 추상적 지시 역시 문제였다. "좋은 결론", "적당히" 같은 모호한 표현에 AI는 엉뚱한 결과를 생성했다. 맥락을 무시해서 한국 통신회사 교육 자료에 실리콘밸리 사례만 가득 채워지는 경우도 빈

번했다.

가장 위험했던 것은 검증을 소홀히 해서 발생한 실수였다. 회사에서 강조한 자사 신규 서비스를 경쟁사 서비스로 잘못 표기해서, 교육 현장에서 망신당할 뻔한 일은 아찔한 순간이었다. 이 외에도 존재하지 않는 법률 조항, 잘못된 통계, 가짜 인용구 등 AI의 환각 현상으로 인한 실패가 상당 부분을 차지했다.

이러한 실패들을 분석하여 만든 체크리스트는 단순해 보이지만 효과적이었다. 이 5가지 원칙만 지켜도 성공률이 눈에 띄게 향상되었다.

① 한 번에 하나씩 요청

② 구체적이고 명확한 지시

③ 충분한 맥락 제공

④ 대화를 통한 발전

⑤ 반드시 검증

놀라운 것은 내가 3개월간 시행착오를 거쳐 발견한 이 원칙들이 이미 글로벌 기업들의 표준이 되어 있었다는 사실이다. 글로벌 소비재 기업 P&G는 2024년부터 전 직원에게 'AI 협업 가이드라인'을 배포했고 그 첫 페이지에 '맥락 제공의 중요성'이 명시되어 있었다.

이 외에도 글로벌 투자은행 JP모건은 'AI 팀원 온보딩 프로그램'을 통해 신입사원을 교육하듯 AI를 체계적으로 훈련하고 있었다.

아마존은 한발 더 나아가 'AI 피드백 루프(AI Feedback Loops)'라는 시스템을 구축하여 모든 AI 생성 콘텐츠에 대한 평가를 데이터베이스화하고 이를 다시 AI 학습에 활용하는 선순환 구조를 만들었다는 사실을 알게 되었다.

한국 기업의 현실은 달랐다. 최근 한 연구조사에 따르면, AI 도구를 도입한 기업은 상당히 많았지만 실제로 생산성 향상을 체감한 기업은 극소수에 불과했다. 대부분 여전히 내가 겪었던 첫 3개월 단계에 머물러 있었다. 많은 기업이 '프롬프트 템플릿(Prompt Template)'이라는 환상에 매달려 '1,000가지 프롬프트 모음집' 같은 자료에 의존하고 있었다. 하지만 템플릿은 시작에 불과하다. 진짜 중요한 것은 AI와 대화하는 법, 맥락을 제공하는 법, 답변을 발전시키는 법인데, 많은 국내 기업이 본질을 놓치고 있었다.

나 역시 3개월 동안의 시행착오를 겪으며 AI를 바라보는 관점이 많이 달라졌다. AI는 검색엔진도, 자판기도, 명령을 수행하는 도구도 아닌, 대화하고 학습하고 함께 성장하는 파트너라는 인식의 전환이 모든 변화의 시작이었다. "요약해줘"라는 일방적 명령에서 "함께 요약을 만들어가자"라는 협업의 자세로, 단어 하나의 차이지만 결과는 하늘과 땅 차이였다. 이는 프롬프트 엔지니어링(Prompt Engineering)이라는 기술적 접근보다 AI가 어떻게 사고하는지 이해하는 것이 훨씬 중요하다는 깨달음으로 이어졌다.

AI는 맥락 속에서 지능을 발휘하고, 대화를 통해 발전하며, 자율성을 부여받을 때 창의적이 된다. 또한 피드백을 통해 성장하며, 때로는 실수도 한다. 이 5가지 특성을 이해하는 것만으로도 AI와의 협업 준비는 충분하다.

AI를 공부하는 건 내가 했듯이 72시간 집중적으로 실험해보면 충분하다. 첫 24시간은 맥락 제공의 중요성을 체득하고, 다음 24시간은 대화형 상호작용을 익히며, 마지막 24시간은 자율성과 창의성을 실험하는 것이다. 이 과정을 거치면 누구나 AI를 도구가 아닌 팀원으로 인식하는 전환점에 도달할 수 있다. 이제 '왜 나만 바보 같은 답을 듣는가'라는 좌절 대신 '오늘은 AI와 무엇을 창조할 것인가'라는 기대로 하루를 시작하게 될 것이다.

성과를 만드는 리더의 AI 활용 기본기

'36년.'

〈포춘〉지 기사를 읽다가 숫자를 다시 확인했다. 36시간도 아니고 36일도 아닌 36년이라니. 이는 글로벌 이커머스 플랫폼 기업인 쇼피파이(Shopify)가 2023년 초에 단행한 조치로 절약한 회의 시간이라고 한다. 3명 이상 참여하는 모든 정기 회의를 취소하면서 1만 2,000개의 회의가 사라졌고, 그 시간을 모두 합치니 36년이 나왔다는 거였다.

돈으로 환산하면 최소 840만 달러, 우리 돈으로 120억 원이 넘는다. 더 충격적인 건 쇼피파이 COO(최고운영책임자) 카즈 네자티안의 인터뷰였다.

"우리 회사 직원 중 500달러짜리 저녁을 회사 카드로 결제할 사람은 아무도 없습니다. 그런데 700달러에서 1,600달러가 드는 30분짜리 회의는 아무 생각 없이 매일 열고 있죠. 이제는 시간도 돈이라는 걸 보여주고 싶었습니다."

해당 기사를 읽으면서 자연스럽게 우리 팀 월요일 회의를 떠올렸다. 매주 2시간, 참석자 8명. 쇼피파이 계산법으로 하면 한 번에 300만 원은 족히 넘을 거다. 매주 월요일 300만 원을 소비하면서 정작 중요한 결정은 하나도 내리지 못하고 있었던 건 아닐까.

기사를 보고 나서 우리 팀을 한번 돌아봤다. 매주 월요일 오전 9시, 어김없이 2시간짜리 정기 회의가 있다. 지난주 실적을 확인하고, 이번 주 계획을 공유하고, 각자 진행 상황을 보고하느라 많은 시간이 지나간다. 솔직히 말하면 그 내용의 절반은 이메일로도 충분히 전달할 수 있는 것들이다. 30분은 엑셀 파일 열어서 숫자 확인하는 데 쓰고, 또 30분은 이미 다 아는 일정을 다시 한번 확인하는 데 쓴다. 정작 중요한 의사결정이나 창의적인 아이디어를 논의할 시간은 늘 부족하다고 느끼면서도, 관성적으로 같은 형식의 회의를 반복하고 있었다.

쇼피파이가 회의를 없애면서 생산성이 오히려 올라갔다는 대목에서 멈춰 섰다. 그들이 회의를 없앤 자리에 무엇을 넣었는지를 살펴봤더니 AI를 활용한 정보 공유와 비동기 커뮤니케이션이었다. AI가 데이터를 분석해서 각자에게 필요한 정보만 골라 전달하니, 굳이 모여서 똑같은 숫자를 확인할 필요가 없어진 거다.

회의를 위한 회의,
AI로 줄일 수 있다
/

그날 저녁, 나는 노트북을 열고 챗GPT를 켰다. 그리고 몇 가지 테스트를 해보기로 했다. 그 실험이 우리 팀의 월요일을, 아니 일하는 방식 전체를 바꿔놓을 줄은 그때는 상상도 못했다.

첫 번째 시도는 간단했다. 금요일 퇴근 전에 챗GPT에게 다음 주 교육 일정과 준비 사항을 정리해달라고 했다. 처음엔 그냥 일정만 나열하는 수준이었지만, 점차 구체적인 정보를 입력하니 결과가 달라지기 시작했다.

"우리는 통신회사 교육팀이고, 다음 주에 5G 전환 교육이 있어. 참가자는 현장 엔지니어 30명이야. 운용실 점검이 필요한지, 교재 준비는 다 됐는지 확인해줘."

이렇게 맥락을 제공하니 AI가 훨씬 더 실용적인 체크리스트를 만들어냈다. 월요일 아침 출근해서 확인해보니, 내가 놓칠 뻔했던 것들까지 짚어져 있었다. 목요일 고객 응대 교육이 콜센터 시스템 점검 시간과 겹친다는 것도 AI가 먼저 발견했다. 이 작은 성공이 더 큰 실험으로 이어졌다.

물론 처음부터 순조롭지는 않았다. AI가 만든 보고서를 못 믿어서 하나하나 다시 확인하느라 오히려 시간이 더 걸리기도 했다. 하지만 몇 주가 지나면서 AI의 정확도가 높아졌고, 나도 AI와 대화하는 스킬이 올라갔다. 핵심은 AI를 단순한 검색 도구가 아니라 함께 일하는 동료처럼 대하는 것이었다. 충분한 맥락을 제공하고, 우리 팀의 특수한 상황을 설명하고, 필요하면 추가 질문을 하면서 점점 더 정확한 결과를 얻을 수 있었다.

그 결과 월요일 회의 시간이 2시간에서 1시간으로 줄었다. 정보 공유를 하느라 쓰던 시간을 진짜 토론에 쓸 수 있게 되었고, 팀원들 사이에서 "드디어 회의가 회의답네요"라는 말이 나올 정도였다. 물론 AI가 모든 걸 대신할 수는 없었다. 팀원이 힘들어하는 걸 눈치채거나, 분위기 파악하는 건 여전히 직접 만나야만 알 수 있는 일이었다.

하지만 단순한 정보 전달이나 현황 보고는 AI가 충분히 할 수 있었고, 덕분에 우리는 사람만이 할 수 있는 일에 더 집중하게 되었다. 쇼피파이처럼 수십억 원을 아끼지는 못했지만, 우리도 매달 수백만 원어치의 시간을 되찾은 셈이나 마찬가지다.

금요일 오후, 퇴근 준비를 하면서 챗GPT를 켰다.

"다음 주 교육 일정 정리해줘."

예전 같으면 한 시간은 걸렸을 일이었다. 엑셀 파일을 열어서 일정 확인하고, 교재 준비 상황 체크하고, 강사 섭외 확인하고…. 이제는 AI한테 우리 상황을 설명하면 어느새 깔끔한 보고서가 기다리고 있다. 처음엔 일정만 달랑 적혀 있었는데, AI와 대화를 이어가다 보니 이제는 "수요일 네트워크 보안 교육에서 최근 언론에서 이슈화된 '텔레그램 해킹 사건'을 언급하면 좋겠다"라는 제안까지도 AI가 해준다.

교육 자료를 만드는 방식도 완전히 바뀌었다. 이전에 '클라우드 전환 교육'을 준비할 때였다. 백지 상태에서 시작하는 대신 AI에게 우리 회사 상황을 설명했다. "우리 IT팀은 아직 ○○ 서버를 쓰고 있어. 클라우드는 들어봤지만 실제로 써본 적은 없어"라고 하자 AI가 만들어준 초안은 우리 상황과 정확히 맞아떨어졌다. 물론 회사 내부 보안 정책이나 특수한 규정은 별도로 추가해야 했지만, 일주일 정도는 되어야 끝날까 말까 했던 작업이 이틀 만에 끝이 났다.

또한 가장 지루했던 일 중 하나가 교육 후기를 정리하는 거였다. 30명이 직접 손으로 쓴 설문지를 하나씩 읽고 엑셀에 정리하던 시절이 있었다. 지금은 스캔해서 AI에 넣으면 끝이다. '실습 시간 부족', '점심 먹고 나니 졸렸다', '에어컨이 너무 추웠다' 같은 의견들이 카테고리별로 정리되어 나온다. 재미있는 건 AI가 패턴까지 찾아낸다는 점이다. "오후 3시 이후 집중도가 떨어지는 경향이 보입니다"라고 분석해준 적도 있다.

이메일 작성도 마찬가지다. 특히 민감한 상황일수록 AI가 유용하다. 교육 불참자에게 보내는 독려 메일을 쓸 때, '단호하지만 기분 나쁘지 않게'라고 지시하면 절묘한 톤의 문장이 나온다. '바쁘신 와중에도 교육의 가치를 이해해 주실 거라 믿습니다' 같은 표현은 내가 30분을 고민해도 나오지 않았을 문장이다.

가끔은 AI와 브레인스토밍도 한다. 신규 교육 프로그램을 기획할 때 '직원들의 AI 활용도를 높이려면?'이라고 물으면 수십 개의 아이디어가 쏟아진다. 대부분은 우리 회사 현실과 맞지 않지만, 특정 답변에서 보석을 발견한다. 지난번 'AI 멘토링 프로그램'도 그렇게 나온 아이디어였다.

실패에서 배운 AI 활용 규칙

/

하지만 AI 활용이 늘 순조로웠던 건 아니다. 처음엔 실패가 더 많았다. 가장 큰 실수는 AI를 너무 믿은 거였다. 한번은 AI가 만든 교육 일정표를 확인도 안 하고 그대로 공지했다가 큰일 날 뻔했다. AI가 지난해 일정을 보고 만들었는데, 올해 바뀐 공휴일을 몰랐던 거다. 교육 당일이 갑자기 정해진 임시 공휴일이었는데, 교육 대상자들한테 출석하라고 안내한 거다.

또 한번은 AI가 만든 통계를 그대로 썼다가 문제가 됐다. '디지털 전환 교육'을 준비하면서 AI에게 관련 통계를 달라고 요청했다. '미국 대기업 500개 중 대부분이 디지털 전환에 성공했다'는 내용의 수치 데이터를 교육 자료에 넣었다.

그런데 교육 중에 한 참가자가 "그 자료 어디서 나온 거예요?"라고 물어봤고, 팩트 체크를 해보니 AI가 그냥 만들어낸 거짓 정보였다는 것을 알게 됐다. 물론 그 자리에서 바로 수정하긴 했지만, 교육의 신뢰도가 떨어진 건 어쩔 수 없었다. 그래서 그 후로는 AI가 알려주는 모든 숫자와 통계는 퍼플렉시티를 통해 꼭 다시 확인하는 습관이 생겼다.

음악 스트리밍 회사 스포티파이(Spotify)가 AI 때문에 곤란해진 일도 교훈이 됐다. 2024년 크리스마스에 AI가 만든 음악 추천 목록을 검토 없이 내보냈다가, 이상한 노래들이 섞여서 사용자들이 불만을 터뜨렸던 사건이 있었다. 우리도 비슷한 실수를 할 뻔했다. AI가 추천한 '팀워크 향상 활동' 목록을 그대로 쓰려다가, 마지막에 확인해보니 우리 회사 분위기에 안 맞는 활동들이 여러 개 있었다.

이런 실패들을 겪으면서 AI 활용 규칙을 만들었다.

① AI가 만든 건 반드시 사람이 확인한다.

② 중요한 결정은 AI한테 맡기지 않는다.

③ AI가 알려준 숫자나 통계는 꼭 출처를 확인한다.

④ 우리 회사만의 특별한 문화를 AI는 완전히 이해할 수 없다는 걸 인정한다.

⑤ AI는 도구일 뿐 책임은 사용한 사람에게 있다는 걸 명심한다.

AI가 그럴듯한 거짓말을 만들어내는 환각 현상을 알아채는 방법도 배웠다. AI가 너무 구체적인 숫자를 말할 때, 예를 들어 '87.3%의 기업이…' 같은 표현을 쓸 때는 의심해야 한다. 진짜 연구 결과는 보통 '약 90%' 이렇게 반올림해서 쓰기 때문이다. 또 AI가 유명한 사람의 말을 인용할 때도 조심해야 한다. '빌 게이츠가 말했듯이…'로 시작하는 문장은 대부분 AI가 만든 가짜다. 최신 정보를 말할 때도 조심해야 한다. AI가 배운 정보가 어느 시점에서 멈춰 있기 때문에, 최신이라고 하는 것들은 대부분 추측이거나 짜 맞힌 것일

수 있다.

하지만 이런 한계를 알고 조심한다면, AI는 강력한 도구가 된다. AI를 맹신하지 않으면서도 잘 활용하는 균형점을 찾아야 한다. 새로 온 신입사원이라고 생각하면 이해가 쉽다. 가능성은 크지만 아직은 옆에서 가르치고 확인해야 하는 단계인 것이다.

최근 한 글로벌 식품회사가 AI를 활용해 마케팅 캠페인 제작 기간을 몇 주에서 며칠로 단축했다는 소식을 들었다. 처음엔 과장된 홍보라고 생각했는데, 직접 AI로 교육 과정을 만들어보니 납득이 갔다. 우리 팀도 교육 자료 제작 시간을 70% 단축했으니까. AI를 단순한 기계가 아닌 협업 파트너로 인식하는 순간, 일하는 방식이 완전히 달라진다. AI가 초안을 만들면 내가 검토하고 수정한다. AI가 개선안을 제시하면 내가 최종 결정을 내린다. 이런 핑퐁이 계속되면서 결과물의 품질이 점점 높아진다.

오픈AI 최고경영자 샘 알트먼이 "AI를 안 쓰는 건 인터넷을 안 쓰는 것과 같다"라고 했다는데, 어느 정도는 맞는 말이다. 이제 AI를 쓸 줄 아는 건 선택이 아니라 필수가 되어가고 있다. 다만 핵심은 AI를 얼마나 많이 쓰느냐가 아니라 얼마나 잘 쓰느냐에 있다. 무작정 모든 일을 AI한테 맡기는 게 아니라, AI가 잘하는 일과 사람이 잘하는 일을 구분해서, 서로의 장점을 살려 협업하는 방식을 찾아야 한다.

교육팀에서 AI를 본격적으로 쓴 지도 꽤 시간이 지났다. 아직 실수도 하고, 실패도 자주 한다. 하지만 확실한 건 AI가 없던 때로는 못 돌아간다는 거다. 혼자서 주간 보고서를 쓰던 때로, 교육 후기를 하나하나 읽으며 정리하던 때로 돌아가라고 하면 정말 막막할 것 같다.

AI가 가져온 변화는 그저 시간만 아껴주는 게 아니다. 반복되는 지루한 일에서 벗어나서, 더 창의적이고 중요한 일에 집중할 수 있게 해준다. 교육을 어떻게 하면 더 잘할 수 있을지 고민하고, 새로운 방법을 시도해보고, 교육받는 사람들과 더 깊이 대화할 시간이 생긴 거다.

물론 AI가 모든 문제를 해결해주는 만능열쇠는 아니다. 여전히 사람의 판단과 경험, 직감이 필요한 부분이 많다. 특히 교육처럼 사람과 사람이 만나는 일에서는 AI가 절대 대신할 수 없는 인간만의 따뜻함이 있다. 하지만 AI를 잘 활용하면, 오히려 그런 인간적인 부분에 더 신경 쓸 여유가 생긴다는 게 내가 몇 개월 동안 얻은 깨달음이다. 쇼피파이가 회의를 없애고 찾은 것도 결국 이거였다. 의미 없는 시간을 줄이고, 진짜 중요한 일에 집중할 수 있는 환경을 만드는 것.

앞으로도 계속 시도하고 실패하면서 배워갈 예정이다. AI 기술은 계속 발전할 것이고, 사용법도 더 정교해질 것이다. 두려워하지 않고 도전하는 것, 실패에서 배우는 자세가 필요하다. 계속 실험하고 배우면서 AI와 더 잘 일하는 방법을 찾아갈 계획이다. 그게 변하는 시대에 살아남는 방법이라고 믿는다.

AI와 함께라면 누구나 드림팀의 팀장이 될 수 있다

어느 금요일 저녁, 사무실에 혼자 남아 있었다. 적막한 사무실, 하지만 내 모니터 화면만큼은 시끌벅적했다. 대화창 다섯 개가 동시에 열려 있었고, 각각의 탭에는 다른 이름이 적혀 있었다.

'마케터 김지원', '회계사 이정민', '인사팀장 박수현', '개발자 최민수', '프로젝트 매니저 정다은'.

물론 모두 가상의 이름이다. 하지만 그날부터 이들은 내게 그 어떤 동료보다 든든한 '실제 팀원'이 되었다.

처음 이 아이디어를 떠올린 건 몇 개월 전이었다. 통신회사 교육팀에서 일하다 보면 늘 '한 명의 전문가'로는 부족함을 느낀다. 교육 기획에는 마케팅 감각이, 예산 수립에는 재무 지식이, 직원 니즈 파악에는 HR 인사이트가 필요하기 때문이다. 하지만 작은 팀에서

이 모든 전문가를 채용할 수는 없는 노릇이었다.

그러던 중 샘 알트먼이 한 인터뷰에서 "앞으로는 1인 기업이 유니콘이 될 수 있다"라고 말한 것을 보았다. 처음엔 반신반의했다. 하지만 밑져야 본전이라는 생각으로 나만의 'AI 드림팀'을 꾸려보기로 했다. 그리고 그 결과는 내 업무 방식을 완전히 바꿔놓았다.

마케터 김지원: 데이터를 뚫고 나오는 홍보 문구

첫 번째 팀원은 '마케터 김지원'이다. 맞춤형 AI(Custom GPT) 기능을 활용해 탄생시켰다. 이름을 지은 이유는 단순했다. '마케팅 AI'라고 부르는 것보다 사람 이름을 붙여야 진짜 팀원처럼 대하며 구체적인 피드백을 줄 수 있기 때문이다.

AI 팀원 설정 레시피: 마케터 김지원

- 역할(Role): 한국 통신회사 교육팀 전담 마케터
- 타깃(Target): 평균 연령 40대 초반, 공대 출신 현장 엔지니어
- 화법(Tone): 감성적인 문구보다는 '숫자'와 '데이터'로 효능감을 강조할 것
- 지식(Knowledge): 공개된 브랜드 가이드, 지난 교육 만족도 통계

김지원을 교육하는 과정은 신입사원 온보딩과 똑같았다. 다만 보안을 위해 회사 기밀은 철저히 배제하고, 홈페이지에 공개된 브랜드 소개서와 보도 자료만 학습시켰다. 처음엔 뻔한 답변만 내놓던 녀석

이었지만, 우리 회사의 '특수성'을 주입하자 달라지기 시작했다.

결과는 놀라웠다. 늘 참석률이 저조했던 '정보 보안 의무교육' 홍보 문구를 맡겼을 때였다. 김지원은 기존의 딱딱한 공지 대신 도발적인 제목을 제안했다.

"당신의 개인정보는 안전한가요? 우리 회사 보안 구멍 Top 5."

이 제목 덕분에 해당 교육 신청률은 전분기 대비 90%(30명→57명)나 폭증했다. 그 순간 확신했다.

'아, 이제 나에게도 진짜 마케터가 생겼구나.'

회계사 이정민: 예산 시즌의 구세주

/

두 번째 팀원 '회계사 이정민'은 예산 시즌의 막막함을 덜어주기 위해 영입했다. 강사료 적정선, 인쇄비 절감, 장소 대여료 비교는 늘 골칫거리였다. 예전에 예산을 너무 빡빡하게 짰다가 상사에게 '계획성이 부족하다'는 지적을 들었던 아픈 기억도 있었다.

AI 팀원 설정 레시피: 회계사 이정민

- 역할: 교육 예산 관리 및 비용 효율화 분석가
- 원칙: 내부 민감 지표 입력 금지(공개된 업계 표준 데이터와 비율 활용)
- 지시 사항: "지난해 동기 대비 물가 상승률과 업계 통상 강사료 인상 폭을 반영해 협상 근거를 마련해줘."

이정민을 훈련시킬 때의 핵심은 '민감 정보 보호'였다. 구체적인 예산 금액 대신 '중견기업 교육 예산 비율' 같은 범위를 제공했고, 조달청 나라장터에 공개된 강연료 가이드라인을 참고하게 했다.

이정민은 "지난해 대비 강사료 인상 요구가 일반 물가상승률을 크게 웃돈다"라는 날카로운 분석을 내놓았다. 나는 이 데이터를 들고 인기 강사와 협상 테이블에 앉았고, 결국 지난해 수준으로 강의료를 동결하는 성과를 냈다.

인사팀장 박수현: 사람의 마음을 읽는 데이터

세 번째 '인사팀장 박수현'에게는 특별한 규칙을 부여했다.

"문제가 생기면 사람을 탓하지 말고 시스템을 고쳐라."

차가운 분석보다는 공감과 해결책을 먼저 제시하도록 톤을 조절했다.

AI 팀원 설정 레시피: 인사팀장 박수현

- 역할: 조직문화 진단 및 교육 니즈 분석
- 금기 사항: 개인의 평가나 징계에 활용될 수 있는 정보 입력 금지
- 해결 방식: 누가 잘못했는지 따지는 대신, 구조적/환경적 개선안 제안

박수현이 진가를 발휘한 건 신입사원 조기 퇴사 문제였다. "왜 신입들이 6개월도 안 돼서 그만둘까?"라는 내 질문에 박수현은 뜻밖

의 대답을 내놓았다.

"도와준답시고 감시자를 붙여놓았기 때문입니다."

멘토링 제도가 오히려 압박이 되었다는 통찰이었다. 박수현의 제안에 따라 '감시형 멘토링' 대신, 동기끼리 모여 수다를 떠는 '동기 커피챗 지원'과 50대가 20대에게 배우는 '역멘토링(세대 교환 학습)'을 도입했다. 그 결과 6개월 내 퇴사율이 눈에 띄게 줄어들었다.

개발자 최민수와 PM 정다은: 반복 업무의 종말

/

네 번째 '개발자 최민수'에게는 '반복 업무 자동화'라는 명확한 미션을 주었다. 교육 만족도 설문 집계, 출석부 대조처럼 지루하지만 시간이 걸리는 일들을 파이썬 스크립트로 해결하게 했다. 물론, 실제 데이터 접근은 막고 샘플 데이터로만 코드를 짜게 하는 보안 원칙은 철저히 지켰다. 덕분에 3시간 걸리던 설문 집계가 클릭 한 번으로 끝났다.

AI 팀원 설정 레시피: 개발자 최민수

- 역할: 반복 업무 자동화 전담 개발자
- 보안 원칙: 실제 데이터 접근 금지 (샘플 데이터만 사용)
- 지시 사항: "엑셀로 3시간 걸리던 작업을 클릭 한 번으로 끝낼 수 있게 파이썬 스크립트를 짜줘. 비개발자도 쓸 수 있도록 설명을 붙여줘."

마지막 팀원 'PM 정다은'은 복잡한 프로젝트 일정 정리가 특기다. 정다은에게는 "서로 얽혀 있는 일들의 선후 관계(Dependency)를 명확히 하라"라고 주문했다.

AI 팀원 설정 레시피: PM 정다은

- 역할: 프로젝트 일정 관리 및 리스크 체크
- 지시 사항: "이건 동시에 해도 되는 일(병렬), 이건 꼭 순서대로 해야 하는 일(직렬)을 구분해서 스케줄을 짜줘."

정다은이 짠 '5G 전환 교육' 일정표는 완벽했다. 강사 섭외와 장소 예약은 동시에 진행하되, 교재 인쇄는 원고 마감 후에 배치하는 식이었다. 덕분에 팀원들이 "지금 뭘 해야 하지?"라고 묻는 일이 사라졌다.

1인 팀장의 시대가 열렸다

/

이렇게 다섯 명의 AI 팀원과 일한 지 몇 달만에 내 업무 방식은 완전히 바뀌었다. 아침에 출근하면 각 전문가 탭을 열어 대화를 시작한다. 교육 프로그램 기획 시간은 2주에서 3일로 줄었고, 보고서 작성 시간은 8시간에서 1시간이 되었다.

물론 이들이 인간을 완벽히 대체할 순 없다. 하지만 월 구독료 몇만 원으로 다섯 명의 전문가를 곁에 두는 셈이다. 무엇보다 이들이 벌어다 준 시간 덕분에, 나는 비로소 진짜 팀원들과 눈을 맞추고 대화할 '여유'를 얻었다.

샘 알트먼이 말한 '1인 유니콘 기업'은 아직 먼 이야기일지 모른다. 하지만 AI를 단순한 도구가 아닌 '나의 팀원'으로 정의하고 역할을 부여하는 순간, 누구나 드림팀의 리더가 될 수 있다.

그날 저녁, 5개의 대화창을 닫으며 생각했다.

'나는 혼자가 아니다. 다만 이 드림팀을 이끄는 책임은 온전히 화면 밖의 나에게 있다.'

성과가 달라지는 직무별 리더의 프롬프트

여기까지 읽었다면 한 가지 흐름이 보일 것이다. AI는 성과를 높이는 도구이긴 하지만, 그 성과는 결국 사람을 통해 나온다는 사실이다. 그리고 그 사람의 역할은 직무와 환경에 따라 전혀 다른 모습으로 나타난다. 그래서 같은 회사의 같은 리더라고 해도 소속에 따라 맡은 업무가 천차만별이다. 그렇다면 다음과 같은 질문이 생긴다.

"각 부서에서는 AI를 어떻게 써야 할까?"

여기서는 그 질문에 답할 것이다. 특히 AI와 함께 일할 때 변화 폭이 크고, 리더들이 실무에서 가장 자주 체감하는 4가지 직무를 골랐다. 인사, 영업, 마케팅, 재무회계. 회사의 대부분의 흐름이 이 네 부서를 중심으로 움직인다. 인사는 사람을 선발하고 성장시키는 곳이고, 영업은 시장의 속도를 가장 먼저 느끼는 부서이며, 마케팅은 고객의 언어를 만들어내는 곳이고, 재무회계는 조직의 숫자를 책임지는 곳이다.

이들 부서에서 공통적으로 중요한 것은 'AI가 무엇을 대신해주는가'가 아니라 '리더가 무엇에 집중할 수 있게 되는가'다. 그래서 이 플레이북은 기능을 나열하기보다, 실제 현장에서 팀장이 하루 동안 마주치는 장면을 바탕으로, AI가 도움이 되는 순간들을 정리했다. 필요한 부분만 펼쳐서 참고해도 되고, 네 직무를 모두 읽으며 공통되는 흐름을 살펴봐도 좋다.

각 직무는 3가지 흐름으로 구성되어 있다. 업무 속에서 AI가 등장하는 '장면', 그 장면을 이해하는 데 필요한 '업무 지도', 그리고 실제로 써볼 수 있는 '프롬프트'. 복잡한 이론 대신 바로 활용할 수 있는 실전 중심의 내용들이다.

인사팀장:
채용부터 조직 문화 진단까지

/

먼저 인사팀장(HR)의 하루부터 들여다보자. 사람을 뽑고 평가하고 문화를 만드는 자리에서, AI는 어떤 방식으로 새로운 팀원이 되고 있을까? 예전 같으면 경험과 감에 의존해 결정하던 순간들이, 이제는 데이터와 질문을 통해 정리되는 시간으로 바뀌고 있다.

잘 활용한다면 인사팀장의 하루에 AI가 없는 시간이 거의 없다. 아침에 채용 우선순위를 정리하고, 오후에 평가 데이터를 분석하고, 경영진 보고 자료를 다듬는다. 특히 여러 부서에서 요청이 동시에 들어오면 머릿속이 복잡해지는데, 그럴 때 AI를 먼저 연다. 일을 대신 시키려는 게 아니다. 흩어진 정보를 한 장의 지도처럼 펼쳐놓고 무엇을 먼저 봐야 할지를 정리하기 위해서다. AI에 몇 문장을 던져주면 흐릿하던 문제의 형태가 선명해지고, 어디서부터 시작해야 할지가 잡힌다.

인사팀장의 일은 결국 사람에 대한 판단이다. 누구를 먼저 뽑을지, 평가의 수준을 어떻게 맞출지, 조직문화 진단 결과를 경영진에게 어떻게 전달할지. AI는 그 판단에 필요한 데이터를 갖추고, 선택지를 구조화해준다. 덕분에 숫자를 세는 시간을 줄이고, 사람을 만나고 방향을 정하는 일에 더 집중할 수 있다.

① 업무 지도: 사람을 판단하는 일의 연속

오른쪽 표는 인사팀장이 한 달 동안 가장 자주 마주치는 의사결정 장면과 그 안에서 AI가 도움이 되는 지점을 정리한 것이다. 실무 하나하나를 다루기보다, 팀장으로서 판단이 필요한 순간들을 모아 놓은 메모에 가깝다.

표에서 보듯 AI는 인사팀장의 판단에 필요한 재료를 정리해주고, 리더는 그 재료를 가지고 조직의 방향을 결정하는 부분에 집중하게 된다.

HR 주요 장면	난이도	AI가 돕기 좋은 부분	리더가 직접 판단해야 하는 부분
채용 우선순위 결정	중간	포지션별 긴급도/영향도 분석 및 비교	사업 상황과 팀 역학을 고려한 순서
채용 기준 수립	중간	역량 프레임워크 초안, 타사 사례 정리	우리 조직에 맞는 핵심 기준 확정
최종 후보자 의사결정	높음	면접 결과 비교 분석, 면접관 의견 정리	문화 적합성과 장기 성장 가능성 판단
전사 평가 검토	중간	팀별 평가서 분석, 편차/패턴 도출	어떤 팀에 어떤 피드백을 줄지 결정
보상/승진 의사결정	높음	등급별 데이터 비교, 후보자 분석	최종 차등 폭과 승진 대상자 확정
조직문화 진단	중간	설문 응답 패턴 분석, 이슈 분류	어떤 행동 변화를 만들지 최종 결정

② 채용: 전략 수립부터 최종 의사결정까지

연초, 각 부서에서 채용 요청이 한꺼번에 올라왔다. 마케팅팀 시니어 2명, 개발팀 주니어 3명, ○○팀 팀장급 1명. 총 6개 포지션, 예산은 한정되어 있다. 화면을 보며 생각한다. 우선순위를 어떻게 잡아야 할까?

예전에는 이런 상황이 오면 급하다고 소리 높이는 팀, 지난해에 채용을 못 했던 팀, 이직률이 높은 팀 등 여러 요소를 머릿속에서 저울질했지만 근거를 정리하기는 어려웠다.

요즘은 AI에게 먼저 판단 기준을 정리해달라고 한다.

나는 인사팀장이야. 이번에 부서에서 올라온 아래 6개 채용 포지션의 우선순위를 정해줘.

포지션
- 마케팅 시니어 2명: 신규 브랜드 론칭 담당, 3월 론칭 예정
- 개발 주니어 3명: 기존 인원 과부하, 이직 2명 발생
- 영업 팀장급 1명: 팀장 퇴사, 공석 3개월

평가(각 1~5점, 5가 높음)
- 사업 영향도(매출/핵심 프로젝트)
- 긴급도(공석 기간/마감/운영 리스크)
- 채용 난이도(시장 수급/리드타임)
※ 총점 = 3개 점수 합산

요청 결과물
- 포지션(3종)별로 기준 점수와 근거(각 1~2문장)
- 점수표(포지션/영향도/긴급도/난이도/총점)
- 권장 채용 순서(1~6): 인원수를 반영해 '쪼개기/묶기' 전략 포함
- 순서의 핵심 이유 3개 + 순서 변경 트리거 2개(예: 론칭 일정 변경, 매출 급락 등)

AI는 각 포지션을 기준별로 분석해서 표로 정리해준다.

"○○팀 팀장급은 긴급도와 사업 영향도가 모두 높음. 단, 팀장급 채용은 평균 3개월 소요되므로 즉시 시작 권장."

이런 식이다. 물론 최종 결정은 AI가 못한다. 개발팀 이직률이 높아진 이유가 팀 분위기 때문인지, 보상 때문인지, 이건 데이터에 없다. 현장에서 들은 이야기다. 마케팅팀 3월 론칭이 정말 움직일 수 없는 일정인지도 확인해야 한다. AI가 정리한 구조 위에 맥락을 얹어서 최종 우선순위를 정한다.

면접이 끝나고 최종 후보자를 결정할 때도 비슷하다. 3명의 후보가 남았는데, 면접관마다 의견이 다르다. 현업 팀장은 A를 밀고, HR 담당자는 B가 문화 적합성이 높다고 한다. 면접 기록을 AI에게 주고 정리를 맡긴다.

> ○○팀장 최종 후보 3명의 면접 결과를 비교 분석해줘.
>
> 첨부: 후보별 면접 기록, 면접관 평가 코멘트
>
> 다음 항목으로 정리할 것
> 1. 각 후보의 핵심 강점(2~3개)
> 2. 우려되는 점(1~2개)
> 3. 면접관 간 의견이 갈리는 지점과 그 이유 추정
> 4. 우리 팀 상황(공석 3개월, 빠른 팀 안정화 필요)에 비춰본 적합도

AI는 면접 기록을 읽고 요점을 뽑아준다.

"A 후보는 실적은 검증됐으나 팀 빌딩 경험 언급이 적음. B 후보는 팀 빌딩 경험이 풍부하나 우리 업종 경험 부족."

흩어져 있던 정보가 한눈에 들어온다. 하지만 결정은 여전히 사람의 몫이다. "이 사람이 우리 팀에서 3년 후에도 일하고 있을까?"라는 질문에 AI는 답하지 못한다. 정리된 자료를 들고 현업 팀장과 다시 이야기한다. 숫자와 구조가 있으니 대화가 훨씬 명확해진다.

채용에서 인사팀장의 역할은 개별 공고문을 승인하고, 전체 그림을 보고 우선순위를 정하고, 최종 판단을 내리는 것이다. AI는 그 판단의 재료를 깔아준다.

③ 평가: 검토에서 보상 의사결정까지

평가 시즌이 끝나면 메일함에 200개가 넘는 평가서가 쌓인다. 15개 팀에서 올라온 평가 코멘트를 훑어보면 팀마다 온도가 다르다. 어떤 팀장은 한 문단씩 정성껏 썼고, 어떤 팀장은 '잘함', '보통', '노력 필요'의 세 단어로 끝냈다.

예전에는 평가서를 하나하나 읽으며 팀별 편차를 메모했다. 요즘은 AI에게 통째로 주고 분석을 맡긴다.

"개발팀은 성과 사례 언급률 90%, 영업팀은 평균 두 문장으로 가장 짧음."

점심 전에 끝난다. 분석 결과를 들고 부실한 팀 팀장을 만나 피드백을 준다.

하지만 검토는 시작일 뿐이다. 진짜 고민은 그다음이다. 평가 등급은 나왔는데, 같은 A등급 안에서도 성과급을 어떻게 차등할지 결정해야 한다. 올해 A등급이 30명인데, 예산은 한정되어 있다.

A등급 30명의 성과급 차등 기준을 정리해야 해.

첨부: A등급 대상자 30명의 평가서, 정량 성과, 팀장 추천 코멘트

다음을 분석할 것

1. 정량 성과 상위 10명과 그 근거
2. 팀장 추천 코멘트에서 '핵심 기여', '대체 불가' 등 강한 표현이 있는 인원
3. 전년 대비 성장 폭이 큰 인원 5명
4. 위 기준들이 겹치는 인원(최우선 보상 대상 후보)

AI는 30명의 데이터를 정리해서 보여준다.

"김○○: 정량 상위 3위, 팀장 코멘트에 '올해 가장 큰 기여' 언급, 전년 대비 등급 상승."

비교가 가능해진다. 하지만 최종 결정은 숫자만으로 안 된다. 김○○가 정량 성과는 높은데, 팀 내 협업에서 문제가 있었다는 이야기를 들은 적이 있다. 이건 평가서에 안 나온다. 반대로 박○○는 숫자는 중간인데, 신사업 TF에서 아무도 안 하려는 일을 맡아서 했다. 복도에서 스친 대화, 회식 자리에서 들은 한마디… 그런 것들이다.

승진 대상자를 정할 때도 마찬가지다. 팀장 추천을 받은 인원이 15명인데, 승진 가능 인원은 5명이다.

> 승진 후보 15명을 비교 분석해줘.
>
> 첨부: 각 후보의 최근 3년 평가 이력, 담당 프로젝트, 팀장 추천서
>
> 다음을 정리할 것
> 1. 3년 연속 A등급 이상 유지한 인원
> 2. 리더십/팀 빌딩 경험이 언급된 인원
> 3. 현재 직급 체류 기간
> 4. 팀장 추천서에서 '승진 적합' 근거가 구체적인 인원 vs 모호한 인원

AI가 비교표를 만들어주면 대화가 쉬워진다.

"A는 성과는 꾸준하나 리더십 경험 부족, B는 리더십 경험은 있으나 최근 1년 성과 하락."

하지만 결국 "이 사람이 다음 직급에서도 성장할 수 있을까?"는

판단의 영역이다.

결국 평가 시즌에 가장 오래 남는 건 숫자가 아니다. "왜 나는 안 됐나요?"라는 질문에 뭐라고 답할 수 있느냐다. AI가 정리해준 근거가 있으면 그 대화가 조금은 수월해진다.

④ 조직문화: 설문 분석에서 개선안까지

조직문화 진단은 인사팀장에게 가장 부담스러운 일 중 하나다. 직원 300명이 익명으로 남긴 응답을 읽고, 흐름을 파악하고, 임원에게 보고할 슬라이드를 만드는 일. 응답 하나하나를 읽다 보면 하루가 가고, 그걸 어떻게 정리할지 막막할 때가 많다.

예전에는 엑셀에 응답을 복사해서 비슷한 것끼리 묶었다. '자율성', '협업', '성장' 같은 키워드로 분류하고, 각 범주에 몇 명이 비슷한 이야기를 했는지 세었다. 숫자는 나오는데 그 뒤에 숨은 이야기가 뭔지는 여전히 애매했다. 요즘은 시작이 훨씬 빨라졌다. 300개의 응답을 통째로 AI에게 주고 공통점을 뽑아달라고 한다.

> 너는 HR 애널리스트야. 아래 '조직문화 진단 자유서술' 응답을 원문 기반으로만 요약해줘(추정, 과장 금지). 팀/이름 등 식별 정보는 [특정팀], [직원 A]처럼 익명 처리하고, 항목마다 대표 인용(원문 그대로)을 반드시 포함해줘.
>
> 첨부: 조직문화 진단 자유서술 응답 300개
>
> - 토픽 Top 10(빈도순): 동의어 묶기(예: 성장/커리어/역량). 토픽별 요약 1문장 + 인용 2개

- 긍정 영역 3가지: 영역별 이유 2줄 + 인용 2개 + 유지/강화 1줄
- 개선 요청 3가지: 영역별 문제 2줄 + 인용 3개 + 개선 2개(Quick win 1, 구조적 1)
- 임원 보고 슬라이드 텍스트 5장: 장당 제목 1 + 불릿 3 + 인용 1

훑어보니 윤곽이 잡힌다.

"자율성에 대한 만족도는 높지만 협업 프로세스에 대한 불만이 반복됨."

"성장 기회는 있다고 느끼지만 구체적인 경로가 불명확하다는 의견 다수."

키워드만 보던 것과 달리 이제는 문장으로 흐름이 보인다.

이제 AI가 뽑아준 결과를 보고 '협업 프로세스 불만'이 구체적으로 뭘 의미하는지, 어느 부서에서 더 강하게 나타나는지, 이게 최근 조직 개편과 관련 있는지 등을 직접 해석해본다.

조직문화 개선안을 만들 때도 AI에게 초안을 맡길 수 있다.

첨부: 패턴 분석 결과

위 결과를 바탕으로 조직문화 개선안 3가지를 제안해줘.

개선안마다 아래 내용을 포함해줘:
- 해결하려는 문제
- 구체적 실행 방법
- 예상 효과
- 필요한 자원

AI는 '협업 툴 도입', '정기 타운홀 미팅', '성장 경로 가이드 제작' 같은 일반적인 제안을 내놓는다. 하지만 이대로 보고하면 어디서나 볼 수 있는 뻔한 제안이 된다. 팀장은 여기에 우리 회사 상황을 더한다. 협업 툴을 그냥 도입하는 게 아니라 '각 팀이 일주일씩 파일럿 테스트하고 피드백 받는 프로세스'로 구체화한다. 타운홀 미팅을 'CEO가 일방적으로 말하는 시간이 아니라 직원 질문에 즉석에서 답하는 형식'으로 바꾼다.

조직문화 진단에서 가장 위험한 건 데이터만 보고 사람을 안 보는 것이다. AI는 300명의 응답을 숫자와 패턴으로 정리해주지만, 그 뒤에 있는 감정과 맥락은 팀장이 읽을 줄 알아야 한다. "협업이 어렵다"라는 말 뒤에는 '부서 간 벽이 높다'는 답답함이 있고, "성장 기회가 불명확하다"라는 말 뒤에는 '내가 여기서 얼마나 더 있어야 하나'라는 불안이 있다.

이 지점에서 조직문화 진단은 분석의 문제가 아니라 리더십의 문제가 된다. AI는 진단 보고서를 빠르게 만들어주지만, 더 중요한 건 팀장이 그 보고서를 들고 어떤 대화를 시작하느냐다. 임원에게 숫자를 보여주는 데 그치지 않고, "이 패턴 뒤에 있는 진짜 문제는 이겁니다"라고 해석해야 한다. 또 "우리가 당장 해야 할 건 이거고, 3개월 후에 다시 점검하겠습니다"라고 실행 계획을 제시해야 한다. 조직문화는 데이터가 아니라 행동으로 바뀐다. AI는 그 행동을 시작할 근거를 정리해준다.

영업팀장:
고객 분석부터 제안서 작성까지

/

영업팀장(Sales)이 AI를 찾는 순간은 대부분 시간에 쫓길 때다. 내일 고객사 미팅을 앞두고 있는데 산업 분석 자료가 없거나, 제안서 마감이 코앞인데 초안조차 없거나, 이번 분기 실적을 예측해야 하는데 데이터가 흩어져 있을 때. 영업은 시간이 곧 기회이고, 기회를 놓치면 매출을 잃게 된다.

한 영업팀장은 고객사 미팅 준비에 평균 3시간을 썼다. 고객사 홈페이지를 뒤지고, 뉴스를 검색하고, 재무제표를 찾아 읽고, 담당자 링크드인(LinkedIn)을 살펴보고. 이 모든 정보를 머릿속에서 정리한 다음에야 '이번 미팅에서 뭘 물어볼까?'를 고민한다. 하루에 미팅이 두 개면 오전 내내 준비만 하다 끝난다.

AI를 쓰면서 달라진 건 정보 수집 속도다. 30분이면 고객사의 최근 3개월 동향, 주요 제품 라인, 경쟁 상황, 우리가 제안할 포인트까지 갖춰진다. 나머지 2시간 30분은 전략을 짜는 데 쓸 수 있다. 어떤 순서로 이야기할지, 어떤 질문에 어떻게 답할지, 이 담당자는 무엇을 중요하게 보는지. 영업은 결국 사람을 읽는 일이고, AI는 그 일에 집중할 시간을 만들어준다.

영업팀에서 AI 활용률이 높은 이유는 명확하다. 결과가 숫자로 드러나기 때문이다. 제안서 작성 시간이 4시간에서 1시간으로 줄었다, 고객사 분석이 정밀해져서 미팅 성공률이 올랐다, 실적 예측

오차가 줄어서 목표 관리가 쉬워졌다. 이런 변화는 바로 체감된다. 영업팀장에게 AI는 선택이 아니라 경쟁력이다.

① 업무 지도: AI로 빠르고 정확한 고객 관리하는 법

다음 표는 영업팀장이 한 달 동안 반복하는 핵심 업무와 AI가 기여할 수 있는 지점을 정리한 것이다. 영업의 흐름은 고객을 이해하고, 제안하고, 관계를 유지하는 과정의 연속이다. AI는 그 과정에서 속도와 정확도를 높여준다.

영업 주요 장면	난이도	AI가 돕기 좋은 부분	리더가 직접 판단해야 하는 부분
고객사 분석	낮음	산업 트렌드 요약, 재무 정보 정리	담당자 성향과 의사결정 구조 파악
제안서 작성	중간	구조화, 데이터 시각화, 초안 작성	차별화 포인트와 가격 전략
미팅 준비	낮음	질문 리스트, 예상 반론 정리	관계 온도와 타이밍 판단
팀원 성과 관리	중간	팀원별 영업 패턴 분석 및 코칭	면담과 동기 부여, 성장 방향 설정
고객 사후 관리	중간	정기 연락 스케줄, 이메일 톤 조정	관계 깊이 측정과 다음 기회 포착
경쟁사 대응	중간	경쟁 정보 수집, 비교 자료 정리	우리 강점 재정의와 전략 수정

영업팀장의 하루는 정보를 모으고, 전략을 세우고, 사람을 설득하는 과정이다. 표에서 보듯 AI는 정보 수집과 정리를 맡고, 리더는 판단과 관계 관리에 집중한다. 영업에서 승부는 결국 사람이 낸다. AI는 그 승부를 준비하는 시간을 벌어준다.

② 고객 미팅 준비: 30분 만에 고객사 이해하기

내일 오전 10시 미팅이 잡혔다. 고객사는 중견 제조업체, 담당자는 구매팀장, 안건은 우리 솔루션 도입 검토. 예전 같았으면 오늘 오후를 통째로 준비하는 데 써야 했다.

이제는 AI에게 먼저 물어본다.

> 너는 B2B 영업/컨설팅 담당이야. 아래를 미팅 준비용으로 간결하게 정리해줘. 가능하면 근거(출처/자료 유형)와 날짜를 함께 적고, 없으면 확인 필요로 표시해줘.
>
> 고객사: ○○제조(직원 500명, 연매출 800억 원) / 산업: 자동차 부품 제조 / 목적: 품질 관리 솔루션 도입 검토
>
> 1. 최근 6개월 ○○제조 주요 뉴스 3개(한 줄 요약)
> 2. 자동차 부품 업계 이슈 3~5개(품질/공급망/규제)
> 3. ○○제조 품질관리 Pain point 5개(추정은 '가설')
> 4. 우리 솔루션 기여 지점 4개(Pain point → 기능/효과 매칭)
> 5. 미팅 질문 5개(현황 3 + 도입/의사결정 2)
> 6. 미팅 오프닝 2문장(관계 온도: 차가움/보통/따뜻함 중 '가설'로 표시)
> 7. 확인해야 할 사실 5개(출처 없으면 '확인 필요')
> 8. 팀장 의사결정 한 문장: '이번 미팅에서 우리가 얻어야 할 한 가지'
>
> 출력 형식: 번호 목록, 각 항목 1~2문장

AI가 찾아준 내용을 보면, ○○제조 기업은 최근 북미 수출 확대를 발표했고, 품질 불량률 0.1% 달성을 목표로 한다는 기사가 있었다. 자동차 업계는 전동화 전환으로 부품 품질 기준이 더 까다로워지는 중이다. AI는 이런 정보를 연결해서 '북미 수출 확대 시점에서 품질 기준 강화 필요성'이라는 맥락을 제시해 준다.

영업팀장은 여기에 내부 정보를 더한다. 지난번 전시회에서 ○○제조 임원을 만났을 때 "품질은 우리 생명"이라고 했던 말, 경쟁사가 이미 두 번 제안했지만 가격 때문에 무산됐다는 정보. AI가 모은 공개 정보와 팀장이 아는 비공개 맥락이 합쳐지면서 미팅 전략이 선명해진다.

질문 리스트도 AI가 뽑아준 것을 다듬는다. "현재 품질 관리 프로세스에서 가장 불편한 점은 무엇인가요?"는 그대로 쓰고, "북미 수출 확대 일정에 맞춰 품질 시스템 개선 계획이 있나요?"는 우리가 아는 맥락을 더해 "북미 바이어가 요구하는 품질 기준을 맞추는데 어떤 어려움이 있나요?"로 바꾼다. 질문은 같아도 고객이 받는 인상은 다르다. 예상 반론도 준비한다.

우리 솔루션 특징:
- 도입 비용: 경쟁사 대비 20% 높음
- 구축 기간: 3개월
- ROI: 1년 이내 회수 가능
예상되는 고객 반론과 대응 논리를 정리해줘. 특히 가격 관련 반론에 대한 설득 논리를 구체적으로.

AI는 "초기 비용은 높지만 유지·보수 비용이 낮아 3년 기준 총비용은 경쟁사보다 15% 저렴"이라는 논리를 제안한다. 영업팀장은 여기에 "비슷한 규모의 △△제조에서 도입 1년 만에 불량률 30% 감소, 재작업 비용 연 2억 원 절감"이라는 구체적 사례를 덧붙인다.

미팅 준비는 30분이면 끝난다. 나머지 시간은 팀원과 리허설하는 데 쓴다. 이런 질문이 나오면 이렇게 답하자, 가격 얘기 나오면 ROI부터 설명하자, 담당자가 망설이면 파일럿 테스트를 제안하자. 전략을 공유하고 역할을 나눈다. 정보 수집은 AI가 하고, 전략 수립과 실행은 사람이 한다.

미팅 당일, 준비한 질문을 던지고 고객 반응을 읽는다. AI가 예측한 반론이 실제로 나올 때도 있고, 전혀 예상 못한 반응이 나올 때도 있다. 중요한 건 유연하게 대응하는 것이다. 미팅이 끝나면 메모를 남긴다. 담당자가 어떤 표정으로 어떤 질문을 했는지, 다음에 뭘 준비해야 할지. 이건 AI가 대신할 수 없는 영역이다.

③ 제안서 작성: 백지에서 시작하지 않기

제안서 마감이 3일 남았다. 고객이 요구한 건 50페이지짜리 제안서. 회사 소개, 솔루션 설명, 구축 계획, 비용 산출, 레퍼런스, 기대효과까지. 예전에는 빈 파워포인트 파일을 열고 한 장, 한 장 채워 넣었다. 이틀을 꼬박 써도 빠듯했다.

AI를 쓰면서 달라진 건 시작점이다. 먼저 AI를 통해 제안서 구조부터 잡는다.

> 너는 자동차 부품 업계 경험이 풍부한 B2B 제안서 전문가야. 아래 정보를 바탕으로 50페이지 제안서 목차를 만들어줘. 챕터별 핵심 메시지와 포함할 내용도 간단히 적어줘.
>
> - 제안서 대상: ○○제조(자동차 부품 기업)
> - 제안 내용: 품질 관리 솔루션 도입
> - 고객 주요 관심사: 북미 수출 품질 기준 충족, 불량률 감소
> - 우리 강점: 자동차 부품 업계 레퍼런스 15개, 평균 불량률 35% 감소

목차가 잡힌다. 1장 ○○제조 기업의 이해(산업 트렌드, 당면 과제), 2장 솔루션 소개(핵심 기능, 차별점), 3장 구축 계획(단계별 일정, 리스크 관리), 4장 기대 효과(ROI 분석, 레퍼런스), 5장 투자 계획(비용 구조, 지원 방안). 뼈대가 서니 뭘 채워야 할지 보인다.

챕터별로 AI에게 초안을 맡긴다. 프롬프트를 어떻게 써야 할지 모르겠다면, 챕터별로 프롬프트를 제안해달라고 하면 된다. AI가 만들어준 프롬프트를 그대로 써도 되고, 조금 다듬어서 써도 된다.

> [1장: ○○제조 이해]
>
> 다음 내용으로 슬라이드 3장 분량 초안을 만들어줘:
> - 자동차 부품 산업의 품질 기준 변화 트렌드
> - 북미 시장 진출 시 품질 요구 사항
> - ○○제조 기업이 직면한 과제(공개 정보 기반)
>
> 각 슬라이드는 전문적이면서도 쉽게 읽히도록 작성해줘.
> - 제목 1줄, 핵심 메시지 3~5개 bullet point, 필요한 경우 그래프/표 제안해줘.

초안이 나오면 이제 다듬기만 하면 된다. AI가 쓴 '품질 기준의 글로벌 정합성 확보'를 '북미 바이어가 요구하는 품질을 맞추는 것'으로 바꾼다. 전문 용어를 고객이 실제로 쓰는 말로 바꾼다.

숫자가 들어가는 부분은 특히 조심해야 한다. AI가 '업계 평균 불량률 1.5%'라고 쓰면 출처를 확인한다. 출처가 명확하면 쓰고, 애매하면 '우리 고객사 평균 불량률은 도입 전 1.8%에서 도입 후 0.6%로 감소'처럼 우리 데이터로 바꾼다.

레퍼런스 페이지는 AI가 만든 틀에 실제 고객사 이야기를 채운다.

> 고객사: △△제조
> 도입 시기: 2025년 3월
> 주요 성과: 불량률 1.2%→ 0.4%, 재작업 비용 연 1.8억 원 절감
> 담당자 코멘트: "품질 데이터를 실시간으로 볼 수 있어서 문제 대응이 빨라졌다."
>
> 위 내용을 레퍼런스 슬라이드 1장으로 만들어줘. 숫자는 그래프로, 코멘트는 인용 형식으로.

AI가 만든 슬라이드에 실제 공장 사진을 더한다. △△제조 품질관리실에서 우리 시스템을 쓰는 장면. 숫자만 있을 때와 사진이 있을 때 설득력이 다르다.

3일이 아니라 하루 반이면 초안이 끝난다. 나머지 하루 반은 검토와 다듬기에 쓴다. 팀원들이 돌려 읽으며 허점을 찾는다. "이 숫자 출처가 뭐예요?" "이 문장 고객이 이해할까요?" "이 순서가 맞나요?" 함께 고치면서 완성도를 높인다.

제안서에서 AI는 초안을 만들어주지만 설득력은 사람이 더한다. 고객이 진짜 듣고 싶어 하는 말이 뭔지, 어떤 사례가 가장 와닿을지. 이건 고객을 직접 만나본 사람만 안다. AI는 백지를 없애주고, 영업팀장은 그 위에 전략을 그린다.

④ 팀원 성과 관리: 코칭하고 노하우를 나누기

영업팀장의 성과는 본인이 아니라 팀원을 통해 나온다. 직접 뛰는 시간보다 팀원이 잘 뛰게 만드는 시간이 더 중요하다. 그런데 팀원 5명이 각자 다른 고객을 만나고, 다른 방식으로 영업한다. 누가 어디서 막히는지, 누가 뭘 잘하는지 파악하기가 쉽지 않다.

주간 회의에서 각자 보고하는 걸 듣고, 분기 실적이 나오면 숫자로 확인했다. 그때는 이미 늦은 경우가 많았다. 3개월 동안 잘못된 방식으로 영업한 팀원을 분기 끝에 발견하면 할 수 있는 게 별로 없다.

AI를 쓰면서 달라진 건 팀원을 더 자주, 더 구체적으로 들여다볼 수 있게 됐다는 점이다. 팀원별 영업 기록을 AI에게 넘기고 패턴을 살펴본다.

> 너는 B2B 영업 코칭 경험이 풍부한 세일즈 매니저야. 첨부한 팀원 5명의 최근 한 달 영업 기록을 분석해줘.
> - 팀원별 미팅 성사율, 제안서 전환율, 계약 성사율
> - 각 팀원이 강한 영역과 약한 영역
> - 영업 단계별로 누가 어디서 막히는지
> - 팀원별로 다음 달 집중해야 할 포인트 한 가지

분석 결과를 보면 보이지 않던 것들이 보인다. 김 대리는 미팅은 많이 잡는데 제안까지 가는 비율이 낮다. 첫 미팅에서 고객 니즈 파악이 부족한 것 같다. 박 대리는 제안서는 잘 쓰는데 클로징이 약하다. 마지막 협상 단계에서 자꾸 밀린다. 이런 구체적인 지점이 잡혀야 코칭이 된다.

저성과 팀원과 1:1 면담을 앞두고 있다면 AI에게 미리 정리를 부탁한다.

> 너는 영업 팀원 코칭 전문가야. 첨부한 이 팀원의 최근 3개월 영업 기록을 보고 면담을 준비해줘.
> - 잘한 점 2가지(구체적 사례와 함께)
> - 개선이 필요한 점 한 가지(데이터 근거와 함께)
> - 면담에서 던질 질문 3가지
> - 다음 달 목표 제안
>
> 비난이 아니라 성장을 돕는 톤으로 작성해줘.

면담 준비가 훨씬 수월해진다. "요즘 왜 실적이 안 나와?"라고 막연하게 묻는 대신, "지난달 미팅 12건 중 제안으로 간 게 2건이던데, 첫 미팅에서 어떤 식으로 대화해?"라고 구체적으로 물을 수 있다. 숫자가 있으니 대화가 선명해지고, 팀원도 방어적으로 나오지 않는다.

반대로 잘하는 팀원의 노하우를 팀 전체에 퍼뜨리는 것도 중요하다. 에이스 팀원은 자기가 뭘 잘하는지 잘 모를 때가 많다. 몸에 배어서 그냥 하는 것들이다. AI에게 분석을 맡기면 그 암묵적인 노하우가 드러난다.

> 너는 영업 성과 분석 전문가야. 첨부한 2가지 데이터를 비교 분석해줘.
>
> 첨부: 우리 팀 전체의 최근 3개월 영업 기록(미팅 메모, 제안서, 성사율)
>
> 첨부: 박 대리의 최근 3개월 영업 기록(미팅 메모, 제안서, 성사율)
>
> 박 대리가 팀 평균보다 성과가 높은 이유를 찾아줘.
> - 미팅 진행 방식에서 다른 점
> - 제안서 구성에서 다른 점
> - 고객 응대 타이밍에서 다른 점
> - 계약 후 고객 관리에서 다른 점
>
> 다른 팀원이 바로 따라 할 수 있도록 구체적인 행동 단위로 정리해줘.

비교 분석 결과가 흥미롭다. 팀 평균은 첫 미팅에서 제품 설명에 15분을 쓰는데, 박 대리는 5분도 안 쓴다. 대신 고객에게 질문을 7개 이상 던진다. 팀 평균은 3개다. 제안서도 다르다. 팀원 대부분은 '솔루션 소개'로 시작하는데, 박 대리는 '귀사의 현재 상황'으로 시작한다. 고객이 미팅에서 한 말을 그대로 인용해서 연다. 후속 연락도 빠르다. 팀 평균은 미팅 후 3일 내 연락인데, 박 대리는 당일 저녁에 감사 메일을 보낸다. 메일 끝에는 항상 "다음 단계로 제안드릴 게 있는데, 언제 통화 가능하실까요?"라는 질문이 들어간다.

고객 관리 방식도 다르다. 다른 팀원들은 계약이 끝나면 다음 고객에게 넘어가는데, 박 대리는 계약 후 2주, 한 달, 분기마다 연락한다. "잘 쓰고 계신가요?"가 아니라 "지난번 말씀하신 재고 관리 이슈는 해결되셨나요?"처럼 고객이 했던 말을 기억해서 묻는다. 그래서 재구매율이 팀 평균의 2배다. 기존 고객이 다른 고객을 소개해 주는 경우도 박 대리가 가장 많다.

이런 구체적인 차이를 팀 미팅에서 공유한다. '질문을 많이 하라'는 막연한 조언이 아니라 '첫 미팅에서 질문 7개 이상, 제품 설명은 5분 이내'라는 기준이 생긴다. 박 대리가 실제로 쓰는 질문 리스트, 제안서 첫 장 템플릿, 감사 메일 문구, 고객 관리 스케줄까지 공유하면 다른 팀원들이 바로 따라 할 수 있다.

팀원 관리에서 AI는 보이지 않던 패턴을 보여준다. 하지만 면담은 사람이 하고, 동기 부여도 사람이 한다. "네가 이 부분을 이렇게 바꿔보면 좋겠어"라고 말할 때의 눈빛, "지난달보다 확실히 나아졌다"라고 할 때의 진심. 그건 AI가 대신할 수 없다. AI는 코칭의 재료를 주고, 팀장은 그 재료로 사람을 키운다.

마케팅팀장:
아이디어 발산부터 캠페인 성과 측정까지

/

마케팅팀장(Marketing)에게 AI는 첫 번째 브레인스토밍 상대다. 캠페인 방향이 안 잡힐 때, 콘텐츠 첫 문장이 안 떠오를 때, 고객 데이터를 어디서부터 봐야 할지 모를 때…. 빈 화면 앞에서 창의성은 저절로 나오지 않는다.

마케팅팀장의 월요일 아침, 이번 주 할 일이 눈앞에 펼쳐진다.

SNS 콘텐츠 5개, 뉴스레터 1개, 블로그 포스트 2개. 주제는 정해졌는데 어떻게 풀어야 할지가 문제다. 예전에는 경쟁사 콘텐츠를 뒤지고, 트렌드를 검색하고, 팀원들과 브레인스토밍을 했다. 아이디어가 나올 때도 있었고, 안 나올 때도 있었다. 안 나오는 날은 퇴근 시간까지 빈 화면만 보다가 집에 간 적도 있다. 하지만 이제는 주제를 AI에게 던지고 아이디어를 먼저 받는다. 이후 콘텐츠 초안이 30분만에 나온다, 카피 시안도 10개씩 쏟아진다, 고객 리뷰 분석이 엑셀 작업 없이 끝이 난다. 이런 변화는 매일 체감된다. 마케팅팀장에게 AI는 영감을 주는 동료이자, 반복 작업을 덜어주는 조수와도 같다.

마케팅의 본질은 고객을 이해하고 마음을 움직이는 것이다. AI는 이해를 빠르게 하고, 움직임을 만들 시간을 벌어준다.

① 업무 지도: 고객의 마음을 이해하는 일

오른쪽 표는 마케팅팀장이 한 달 동안 마주하는 장면들이다.

마케팅팀장의 하루는 방향을 잡고, 팀을 이끌고, 숫자를 읽는 과정이다. AI는 아이디어를 쏟아내고 정리하고, 리더는 고르고 결정한다. 마케팅에서의 승부는 결국 고객의 마음을 얻는 것이다. AI는 그 마음을 이해할 시간을 벌어준다.

② 콘텐츠 관리: 팀의 목소리를 하나로 맞추기

이번 주 발행 예정인 콘텐츠 5개가 공유 폴더에 올라와 있다. 블로그 2개, 인스타그램 3개. 하나씩 읽어보면 톤이 제각각이다. 블로

마케팅 주요 장면	난이도	AI가 돕기 좋은 부분	리더가 직접 판단해야 하는 부분
캠페인 기획	중간	아이디어 발산, 레퍼런스 수집	브랜드 방향성, 최종 콘셉트 결정
콘텐츠 관리	낮음	톤 일관성 점검, 성과 패턴 분석	브랜드 기준 수립, 팀원 피드백
고객 분석	중간	리뷰 패턴 분석, 세그먼트 정리	인사이트 해석, 전략 연결
SNS 운영	낮음	포스팅 캘린더, 해시태그 추천	실시간 트렌드 판단, 위기 대응
성과 리포트	낮음	데이터 정리, 차트 생성	성과 해석, 다음 액션 도출
경쟁사 분석	중간	정보 수집, 비교표 작성	차별화 전략, 포지셔닝 결정

그는 너무 딱딱하고, 인스타그램은 너무 가볍다. 일일이 피드백을 쓰려면 오전이 다 간다. 이제는 AI에게 먼저 검토를 맡긴다.

너는 브랜드 콘텐츠 품질을 관리하는 에디터야. 이번 주 발행 콘텐츠 5개를 브랜드 톤앤매너 기준에 따라 점검해줘.

첨부: 이번 주 발행 콘텐츠 5개

브랜드 톤앤매너 기준:
- 친근하지만 전문적인
- 문장은 짧게, 이모지는 최소한
- '~하세요' 대신 '~해보세요'

분석 결과:
1. 콘텐츠별 톤 적합 여부(O/X)와 이유
2. 개선이 필요한 문장 3개씩: 원문 → 수정안
3. 5개 콘텐츠 간 톤 일관성 점수(10점 만점)
4. 팀원별 반복 패턴(작성자 정보가 없으면 생략)

분석 결과가 나온다. "블로그 A는 문장이 길고 수동태가 많음. 인스타그램 C는 이모지 과다 사용. 전체 일관성 점수 6점."

팀원별 패턴도 보인다. 김 대리는 도입부가 항상 길고, 박 사원은 CTA(Call to Action)가 약하다. 이 결과를 가지고 팀원과 1:1 피드백을 한다. "김 대리, 도입부 3문장 이내로 줄여보자. 독자는 스크롤 3초 안에 떠나거든."

막연한 "다시 써 와"가 아니라 구체적인 방향을 줄 수 있다.

월초에는 이번 달 콘텐츠 방향을 잡는다. 지난달 성과 데이터와 함께 AI에게 분석을 맡긴다.

너는 콘텐츠 성과 분석 전문가야. 아래 콘텐츠 성과 데이터를 보고 인사이트를 정리해줘. 데이터에 없는 내용은 단정하지 말고 확인 필요로 표시해줘.

첨부: 지난달 콘텐츠 20개 성과 데이터

지표: 조회수, 체류 시간, 클릭률, 댓글 수(+가능하면 채널/유형/발행 요일·시간)
1. 성과 상위 5개 콘텐츠의 공통점
2. 성과 하위 5개 콘텐츠의 공통점과 개선 방향
3. 요일/시간대 패턴: 지표별 경향 요약(표본 적으면 참고 수준 표시)
4. 이번 달 콘텐츠 방향 제안 3가지(제안별 실행 방안 포함)

패턴이 눈에 들어온다. '사용법' 콘텐츠가 '브랜드 스토리'보다 체류 시간이 2배 길다. 화요일 오전 발행이 목요일 오후보다 클릭률이 40% 높다. 이런 패턴을 바탕으로 이번 달 콘텐츠 비중을 조정한다. 사용법 콘텐츠를 늘리고, 발행 시간을 화요일 오전으로 통일한다.

하지만 숫자만 따라가면 안 된다. 지난달 조회수가 낮았던 '창업자 인터뷰' 콘텐츠는 댓글 반응이 뜨거웠다. "이런 이야기 더 해주세요"라는 댓글이 30개 넘게 달렸다. 당장 숫자는 안 나와도 팬을 만드는 콘텐츠다. 이건 유지하기로 한다.

콘텐츠 관리에서 AI는 일관성과 패턴을 짚어주지만, 마케팅팀장은 브랜드의 기준을 정한다. "우리는 이런 말투를 쓴다", "이 콘텐츠는 숫자가 안 나와도 의미가 있다"라는 판단은 사람이 한다. AI는 팀의 콘텐츠를 빠르게 점검해주고, 팀장은 그 점검 결과로 팀원을 키운다.

③ 캠페인 기획: 아이디어를 터뜨리고 방향 잡기

다음 달 신제품 론칭 캠페인을 기획해야 한다. 제품은 비타민C 세럼. 경쟁이 치열한 카테고리다. '우리 제품이 왜 다른지'를 어떻게 보여줄까? 팀 미팅에서 아이디어가 잘 안 나온다. 다들 비슷한 생각을 하고 있다. AI에게 요청한다.

너는 뷰티 브랜드 캠페인 기획자야. 아래 조건으로 신제품 론칭 캠페인 아이디어 10가지를 제안해줘.

- 제품: 비타민C 세럼(순수 비타민C 15%)
- 타깃: 30대 여성(피부 톤 고민)
- 상황: 레드오션(대기업 다수)
- 강점: 순도 높은 원료, 자극 최소화

조건: 뻔한 '미백/브라이트닝' 중심 메시지는 피하고, 고객이 "어, 다르네"라고 느낄 새로운 관점으로.

형식(아이디어마다):
- 한 줄 콘셉트
- 실행 방안 2가지(채널/콘텐츠 예시 포함)

AI가 제안해 준 10가지 아이디어 중 '비타민C를 못 쓰던 사람들을 위한 캠페인' 문구가 눈에 띈다. 민감성 피부라 비타민C를 포기했던 사람들에게 '이제는 써도 된다'는 의미의 메시지를 선택한다.

이젠 이 방향으로 더 구체화해달라고 요구한다.

'비타민C를 포기했던 사람들' 콘셉트로 캠페인을 발전시켜줘.

포함할 것:
1. 캠페인 슬로건 5가지
2. 타깃 페르소나(구체적 상황 묘사)
3. 메인 메시지와 서브 메시지
4. 채널별 실행 아이디어(인스타/유튜브/블로그)
5. 인플루언서 협업 방향

캠페인 슬로건 중 '다시, 비타민C'가 마음에 든다. 짧고 명확하다. '포기했던'이라는 과거와 '다시'라는 현재가 대비된다. 페르소나도 구체적이다.

'32세, 민감성 피부, 과거 비타민C 세럼 사용 후 트러블 경험, 이후 비타민C 제품 회피 중.'

팀 미팅에서 이 방향을 공유한다.

"AI한테 아이디어 받아봤는데, 이 방향 어때요?"

팀원들 반응이 좋다.

"저도 그랬어요. 비타민C 쓰고 싶은데 무서워서 못 썼거든요."

실제 타깃의 목소리가 팀 안에도 있다.

방향이 잡히면 채널별 콘텐츠 시리즈도 AI에게 뼈대를 잡아달라고 한다. 인스타그램 사전 공개, 론칭, 후속 콘텐츠까지 한 번에 구성이 나온다. 10개 아이디어 중 1개라도 브랜드에 맞고, 타깃에게 와닿고, 경쟁사와 다르다면 그게 방향이다. 그 선택이 캠페인의 성패를 가른다. AI는 가능성을 열어주고, 사람은 그중 하나를 현실로 만든다.

④ 고객 분석: 데이터 속에서 사람 읽기

분기 리뷰 시즌이다. 지난 3개월간 쌓인 고객 리뷰 500개를 분석해야 한다. 예전에는 엑셀에 복사해서 키워드별로 분류했다. '보습', '향', '가격', '용기 디자인'. 하나씩 읽으면서 긍정인지 부정인지 체크했다. 500개 다 보는 데 이틀은 걸렸다.

AI를 쓰면서 달라진 건 분석의 깊이다. 500개 리뷰를 통째로 AI에게 준다.

> 너는 고객 리뷰 분석 전문가야. 지난 분기 고객 리뷰에서 인사이트를 도출해줘.
>
> 첨부: 고객 리뷰 500개
>
> 분석 항목:
> 1. 자주 언급된 키워드 10개(긍정/부정 구분)
> 2. 제품별 만족도 패턴
> 3. 반복되는 불만 사항 Top 5
> 4. 재구매 의사 언급 비율
> 5. 경쟁사 대비 언급(있다면)
>
> 항목마다 대표 리뷰 원문을 예시로 들어줘.

결과를 훑어본다. '보습력'이 긍정 키워드 1위, '향'이 의견이 갈리는 키워드, '가격'이 부정 키워드 3위. 불만 사항 1위는 "펌프가 잘 안 나온다". 500개 중 23개 리뷰에서 같은 불만이 나왔다. 이건 제품팀에 전달해야 한다.

숫자 뒤에는 맥락이 있다. "향이 의견이 갈린다"가 구체적으로 무슨 뜻인지, AI에게 향 관련 리뷰만 따로 뽑아달라고 한다. 결과를 보니 향을 좋아하는 사람은 '은은한 꽃향', '고급스러운 느낌'으로 표현한다. 싫어하는 사람은 '인공적', '너무 강함'으로 표현한다.

여기서부터는 해석의 영역이다. 향은 취향이라 모두를 만족시킬 수 없다. 하지만 "너무 강하다"라는 피드백은 조절 가능하다. 제품

팀에 "향 강도를 10% 낮추는 것 검토 요청"이라는 메모를 남긴다. 마케팅 메시지에서는 '은은한 꽃향'을 강조하고 "향이 강한 제품을 원하시는 분께는 안 맞을 수 있어요"라고 솔직하게 써본다. 역으로 신뢰를 줄 수 있다.

경쟁사 언급도 살펴본다.

경쟁사 제품이 언급된 리뷰만 모아서 분석해줘.

알고 싶은 것:
1. 어떤 경쟁사가 언급되는지
2. 우리 제품과 비교해서 어떤 점을 말하는지
3. 경쟁사에서 넘어온 고객이 우리 제품에 만족하는 포인트
4. 우리 제품에서 경쟁사로 갈 것 같은 고객의 불만

눈에 띄는 건 A사 제품에서 넘어온 고객이 많다는 점이다. "A사는 끈적였는데 이건 산뜻해요"가 반복된다. 이건 마케팅 포인트다. '끈적임 없이 산뜻하게'를 메인 카피에 넣을 수 있다. 경쟁사를 직접 언급은 안 하지만, 타깃이 느끼는 불만을 우리가 해결한다는 메시지다.

분기 리포트도 AI에게 초안을 맡긴다. 분석 결과를 슬라이드 5장으로 정리해달라고 하면 뼈대가 나온다. 숫자를 검증하고, 그래프 형식을 조정하고, '다음 분기 액션 플랜'에 팀장의 판단을 더한다. AI가 제안한 '향 개선 검토'에 '6월 신제품 적용 목표'라는 구체적 일정을 붙인다.

고객 목소리는 가장 좋은 마케팅 자료다. 500개 리뷰 속에 캠페인 아이디어가 있고, 제품 개선 힌트가 있고, 경쟁 전략이 있다. AI는 그 목소리를 빠르게 정리해주고, 마케팅팀장은 그 목소리를 전략으로 바꾼다.

재무회계팀장:
비용 효율화 분석부터 전략적 예산 보고까지

/

한 재무팀장(Finance/Accounting)은 AI를 가장 늦게 받아들인 사람 중 하나였다. 숫자는 틀리면 안 되니까. 마케팅팀이 AI로 콘텐츠 아이디어를 쏟아내고, 영업팀이 고객 분석을 돌릴 때도 그는 지켜보는 쪽이었다. 'AI가 계정과목을 틀리면 어쩌지?' '감사에서 문제되면?' 조심스러울 수밖에 없었다.

그러다 그는 월말 마감 주간에 한번 써봤다. 계기는 쌓여 있는 증빙 더미였다. 세금계산서, 법인카드 영수증, 거래명세서. 팀원들이 하나하나 금액 확인하고, 계정과목 분류하고, 전표 입력하는 데 이틀이 걸렸다. 매달 반복되는 야근의 원인이었다.

AI에게 증빙 파일 뭉치를 넘겼다.

"공급자, 금액, 날짜를 추출하고 계정과목을 추천해줘."

몇 분 만에 표로 정리되어 나왔다. 처음에는 믿지 않았다. 하나하나 원본과 대조했는데, 98%가 맞았다. 이틀 걸리던 증빙 정리가 반나절로 줄었다. 중복 청구를 AI가 먼저 잡아내는 건 예상 못한 보너스였다.

그때부터 그의 생각이 바뀌었다. AI는 계산기가 아니었다. 검증자였다. 사람이 놓치기 쉬운 패턴을 잡아주고, 수백 장의 증빙을 지치지 않고 훑어주는 검증자. 재무회계팀장에게 필요한 건 바로 그것이었다.

재무회계팀에서 AI가 자리 잡은 이유는 반복 업무가 많기 때문이다. 매달 같은 포맷의 전표 처리, 매 분기 같은 구조의 결산, 매년 같은 항목의 감사 준비. 다른 부서보다 늦게 시작했지만, 일단 효과를 확인하고 나니 가장 확실하게 쓰는 부서가 됐다. AI는 숫자 정리를 빠르게 해주고, 팀장은 그 숫자가 의미하는 바를 해석하는 데 집중한다.

① 업무 지도: AI에 수집과 검증 맡기기

다음 표는 재무회계팀장이 AI를 활용할 수 있는 3가지 핵심 영역을 정리한 것이다. 전표 처리부터 결산 보고, 예측 분석까지. 각 영역에서 AI가 맡는 부분과 재무회계팀장이 직접 판단해야 하는 부분이 다르다.

재무회계팀장의 일은 숫자를 모으고, 검증하고, 해석하는 과정이다. AI는 수집과 검증을 맡고, 팀장은 해석과 판단에 집중한다. 이 표를 기준으로 3가지 핵심 영역을 하나씩 살펴본다.

핵심 활용 영역	난이도	AI가 돕기 좋은 부분	리더가 직접 판단해야 하는 부분
전표·증빙 자동 처리	낮음	증빙 데이터 추출, 계정과목 추천, 오류 탐지	최종 계정 분류, 예외 거래 판단
결산·보고서 초안 자동화	중간	데이터 요약, 보고서 초안, 변동 요인 분석	핵심 메시지, 경영진 커뮤니케이션
예측·이상징후 분석	높음	추세 예측, 이상 패턴 탐지, 리스크 알림	리스크 판단, 의사결정, 대응 전략

② 전표·증빙 자동 처리: 수작업을 줄이고 오류 잡기

월말이 다가오면 재무팀 책상 위에 증빙이 쌓인다. 세금계산서, 카드 영수증, 거래명세서. 한 중견기업 재무팀장은 매달 이 증빙들을 정리하는 데만 팀원 2명이 이틀씩 매달렸다고 했다. 금액 확인하고, 계정과목 분류하고, 전표 시스템에 입력하는 단순 반복 작업. 그런데 단순해서 더 위험했다. 피곤하면 숫자를 잘못 보고, 비슷한 거래를 다른 계정에 넣기도 했다.

AI에게 증빙 데이터 추출과 계정과목 분류를 함께 맡긴다.

> 너는 재무회계 전표 처리 전문가야. 첨부한 세금계산서 이미지들에서 다음 정보를 추출하고, 계정과목까지 추천해줘.
>
> 추출 항목:
> - 공급자 사업자등록번호, 상호
> - 공급가액, 부가세, 합계 금액
> - 작성일자, 품목명

계정과목 분류 기준:
- 복리후생비: 직원 식대, 경조사비, 건강검진
- 접대비: 거래처 식사, 선물
- 소모품비: 사무용품, 비품
- 광고선전비: 온라인 광고, 판촉물

표 형식으로 정리하고, 계정 분류가 불확실한 건 '검토 필요'로 표시해줘.

몇 분 만에 수십 장의 세금계산서가 표로 정리된다. 공급자, 금액, 날짜는 물론 계정과목 추천까지 한 번에 나온다. 예전 같으면 추출 따로, 분류 따로 두 번 작업했을 일이다.

다음으로 거래 오류와 이상 거래를 찾아본다.

너는 내부 감사 관점에서 전표를 검토하는 전문가야. 아래 이번 달 전표 데이터에서 검토가 필요한 항목을 찾아줘.

첨부: 전표 데이터

체크 포인트:
1. 동일 공급자에게 같은 금액이 중복 청구된 건
2. 같은 날 동일 거래처에 여러 건 결제된 건
3. 평소 거래 패턴과 다른 고액 거래
4. 주말이나 공휴일에 발생한 거래
5. 적요가 비어 있거나 불명확한 건

항목별로 해당 건수와 구체적인 거래 내역을 알려줘.

중복 청구 2건, 적요 누락 5건이 잡혔다. 예전에는 결산 끝나고 감사에서 발견되던 것들이다. 이제는 마감 전에 미리 잡는다.

전표·증빙 처리에서 AI는 데이터 추출과 분류를 맡고, 재무회계 팀장은 예외 판단과 최종 승인을 한다. 단순 반복에서 벗어나 판단이 필요한 일에 시간을 쓸 수 있게 된다.

③ 결산·보고서 초안 자동화

월요일 아침, 경영진 주간 회의에 쓸 재무 현황 보고서를 만들어야 한다. 데이터는 시스템에 다 있다. 문제는 그걸 '경영진이 5분 안에 이해할 수 있는 형태'로 바꾸는 것이다. 숫자 나열은 의미가 없다. 숫자가 말하는 이야기를 뽑아내야 한다. 한 재무팀장은 매주 이 보고서 만드는 데 반나절을 썼다고 했다.

AI에게 데이터 요약과 보고서 초안을 맡겨보자.

너는 이사회 보고 경험이 풍부한 CFO야. 첨부한 재무 데이터로 경영진 보고서 초안을 작성해줘.

첨부: 손익 데이터, 부문별 실적, 현금흐름표

포함할 내용:
1. 매출, 영업이익, 순이익 요약
2. 전월/전년 동기 대비 증감
3. 예산 대비 달성률
4. 부문별 실적 비교 (상위 3개, 하위 3개)
5. 주요 비용 변동 (10% 이상 증감 항목)
6. 현금 흐름 현황 및 전망

분량: A4 2~3장
숫자보다 의미 중심으로 작성해줘.

초안이 나오면 팀장이 맥락을 더한다. '매출 45억 원, 전월 대비 8% 증가'는 맞는데 왜 증가했는지가 빠져 있다. 팀장이 추가한다.

'A사 분기 발주가 이번 달에 집중됨. 다음 달은 정상 수준 예상.'

숫자만 보면 좋아 보이지만 맥락을 알면 일시적 현상이다.

경영진이 물을 질문도 미리 준비한다.

> CFO로서 이사회 질의에 대비하는 중이야. 위 보고서를 보고 경영진이 물을 수 있는 질문 5가지와 답변 방향을 정리해줘.
>
> 경영진 관심사:
> - 연간 목표 달성 가능성
> - 수익성 개선 방안
> - 현금 유동성
>
> 질문별로:
> - 예상 질문
> - 핵심 답변 포인트
> - 준비해둘 보조 자료

"4분기에 얼마를 해야 연간 목표를 달성하나요?" "운전자본이 늘어나는 이유가 뭔가요?" 이런 질문에 미리 답을 준비해둬야 회의에서 당황하지 않는다.

결산·보고서에서 AI는 데이터를 요약하고 초안을 만들지만, 재무회계팀장은 맥락을 더하고 메시지를 만든다. 좋은 보고서는 숫자를 보여주는 게 아니라 숫자가 말하는 이야기를 전달하는 것이다.

④ 예측·이상징후 분석: 리스크 미리 보기

재무팀장에게 가장 무서운 건 예상 못한 숫자다. "이번 달 현금이 왜 이렇게 빠졌지?" "이 비용이 왜 갑자기 늘었지?" 사후에 원인을 찾느라 허둥대는 것보다 미리 알면 좋겠다는 생각. 한 재무팀장은 매달 현금 흐름 예측을 손으로 했다고 했다. 지난 6개월 패턴 보고, 예정된 매출과 지출 반영하고, 엑셀로 계산하고. 그래도 종종 틀렸다.

AI에게 현금 흐름 예측을 맡겨본다.

> 너는 기업 자금 관리 전문가야. 첨부한 과거 12개월 현금 흐름 데이터와 향후 예정된 거래를 바탕으로 다음 3개월 현금 잔액을 예측해줘.
>
> [월별 현금 흐름 데이터, 예정된 매출/지출 내역 첨부]
>
> 분석 항목:
> 1. 월별 예상 현금 유입(매출 입금, 기타 수입)
> 2. 월별 예상 현금 유출(급여, 임차료, 매입 대금 등)
> 3. 월말 예상 현금 잔액
> 4. 현금 부족이 예상되는 시점
> 5. 과거 패턴에서 발견되는 계절성 변동 요인
>
> 낙관적 시나리오와 보수적 시나리오를 함께 보여줘.

예측 결과가 나온다. 2개월 후에 현금이 빠듯해질 수 있다는 경고가 뜬다. 대형 설비 대금 지급과 상여금 지급이 겹치는 달이다. 미리 알면 대출을 준비하든, 매출 입금을 앞당기든 조치를 취할 수 있다.

비용 이상 징후도 AI에게 모니터링을 맡긴다. 감사 대비까지 한

번에 요청할 수 있다.

너는 내부 통제와 외부 감사 대응 경험이 풍부한 재무 컨설턴트야. 첨부한 이번 분기 비용 데이터에서 이상 징후를 찾고, 감사 대비 방안까지 정리해줘.

첨부: 부서별/계정별 비용 데이터

1단계 - 이상 징후 탐지:
- 전년 동기 대비 30% 이상 증가한 비용 항목
- 예산 대비 120% 이상 집행된 항목
- 특정 거래처에 지출이 집중된 경우
- 분기 말에 급격히 늘어난 비용

2단계 - 감사 대비:
- 감사인이 주목할 가능성(높음/중간/낮음)
- 예상 질문과 답변 방향
- 준비해둘 증빙 자료

금액이 크거나 설명이 어려운 항목 위주로 상세하게 작성해줘.

결과를 보니 마케팅 부서 외주비가 전년 대비 45% 증가했고, 감사인 주목 가능성은 '높음'으로 표시됐다. 이제 팀장이 직접 마케팅팀에 확인해보니 "신규 캠페인 론칭으로 계획된 지출입니다"라고 말한다. 그럼 괜찮다. 증빙 자료를 미리 모아두면 감사 때 허둥대지 않는다.

예측·이상징후 분석에서 AI는 패턴을 찾고 경고를 보내주지만, 재무회계팀장은 그것이 진짜 문제인지 판단하고 대응한다. 리스크 관리에서 AI는 레이더이고, 팀장은 조종사다.

AI가 벌어준 시간을 더 중요한 데 써라

/

여기까지 읽었다면 한 가지 흐름이 보일 것이다. 인사든 영업이든 마케팅이든 재무회계든, AI가 맡는 부분은 비슷하다. 정보를 정리하고, 초안을 만들고, 패턴을 찾는다. 반대로 리더가 해야 하는 부분도 비슷하다. 맥락을 읽고, 판단하고, 관계를 만든다.

인사팀장은 AI가 정리한 평가 코멘트에 팀원과의 구체적 장면을 더한다. 영업팀장은 AI가 분석한 고객사 정보에 지난 미팅에서 느낀 온도를 더한다. 마케팅팀장은 AI가 쏟아낸 10개의 아이디어 중 브랜드에 맞는 1개를 골라 캠페인으로 발전시킨다. 재무회계팀장은 AI가 정리한 숫자에서 진짜 문제와 가짜 문제를 가려내고, 숫자가 말하는 이야기를 경영진에게 전달한다. 결국 AI는 재료를 주고, 리더는 의미를 만든다.

이 플레이북을 읽으면서 '우리 부서는 없네?'라고 생각했을 수도 있다. 맞다. 기획도 있고, 구매도 있고, 고객 서비스도 있다. 하지만 네 직무의 패턴을 보면 다른 부서에도 적용할 수 있다. 핵심은 같다. 반복되는 건 AI에게 맡기고, 판단이 필요한 건 리더가 하고, 사람을 이해해야 하는 건 직접 만난다.

그런데 한 가지 걱정이 들었을 수 있다.

'AI에게 어디까지 물어봐도 될까?'

'이런 정보를 AI에 넣어도 되나?'

좋은 질문이다. AI를 업무에 활용할 때 정보 보안은 반드시 짚고 넘어가야 한다.

원칙은 간단하다. 외부에 공개되면 안 되는 정보는 AI에게도 주지 않는다. 구체적으로 살펴보면 이렇다.

넣으면 안 되는 정보가 있다. 개인정보가 대표적이다. 직원의 주민등록번호, 연락처, 급여 정보, 고객의 실명과 연락처. 이런 정보는 어떤 AI 서비스에도 입력하면 안 된다. 영업비밀도 마찬가지다. 아직 발표 전인 신제품 정보, 핵심 기술 스펙, 거래처와의 계약 조건, 원가 구조. 이런 정보가 외부로 나가면 회사에 직접적인 손해가 된다. 재무 정보 중에서도 미공개 실적, 인수합병 검토 내용, 내부 감사 결과 같은 민감한 정보는 AI에 넣지 않는다.

그렇다면 뭘 넣어도 될까? 이미 공개된 정보는 괜찮다. 회사 홈페이지에 있는 내용, 보도 자료로 나간 내용, 공시된 재무 정보. 일반적인 업무 프로세스나 양식도 문제없다. "결산 보고서 구조 잡아줘", "전표 처리 체크리스트 만들어줘" 같은 요청은 회사 기밀과 관계없다. 가명 처리된 정보도 활용 가능하다. 거래처 이름을 'A사'로 바꾸고, 구체적 금액을 비율로 바꾸면 맥락은 유지하면서 민감 정보는 제거할 수 있다.

회사마다 AI 활용 정책이 다르다. 어떤 회사는 특정 AI 서비스만 허용하고, 어떤 회사는 사내 전용 AI 시스템을 구축해서 쓴다. 어떤 회사는 아직 정책이 없을 수도 있다. 정책이 있다면 따르고, 없다면 IT팀이나 보안팀에 먼저 확인하는 게 좋다. "이 정도 정보는 외부

AI 서비스에 넣어도 되나요?"라고 물어보는 것 자체가 책임감 있는 태도다.

실무적으로는 이렇게 접근하면 된다. AI에게 질문하기 전에 3초만 생각한다. '이 내용이 회사 밖으로 나가면 문제가 될까?' 조금이라도 찜찜하면 구체적인 이름과 숫자를 빼고 일반화해서 물어본다. "A사와의 계약 조건을 검토해줘" 대신 "소프트웨어 라이선스 계약서에서 주의할 조항을 알려줘"라고 물으면 된다. 필요한 도움은 받으면서 민감 정보는 보호할 수 있다.

이제 시작할 차례다. 당신의 업무 중에서 가장 시간을 많이 쓰는 세 가지를 적어보자. 그중 AI가 도울 수 있는 부분이 있는지 생각해보자. 전표 처리? 보고서 작성? 데이터 분석? 예측? 하나라도 있다면 시작할 수 있다. 이 책의 프롬프트를 그대로 쓸 필요는 없다. 당신의 상황에 맞게 바꿔서 써보자.

중요한 건 완벽함이 아니라 시작이다. 첫 번째 프롬프트는 어설플 것이다. 결과도 기대만큼 안 나올 것이다. 괜찮다. 두 번째는 조금 나아진다. 열 번째쯤 되면 당신만의 패턴이 생긴다. 100번째쯤 되면 AI 없이는 일하기 어려워진다. 그게 학습 곡선이다.

혼자 하지 말자. 팀원 중 한 명이라도 함께 시작하면 훨씬 쉽다.

"나 이거 AI한테 물어봤는데 이렇게 나왔어. 너는 어떻게 물어봤어?"

이런 대화가 쌓이면 팀 전체가 빨라진다. 실패담도 공유하자. "이렇게 물어봤더니 엉뚱한 답이 나왔어"라는 이야기가 다른 팀원의 시행착오를 줄여준다.

AI를 쓰는 목적을 잊지 말자. 빨리 끝내려고 쓰는 게 아니다. 중요한 일에 집중하려고 쓰는 것이다. 전표 정리 시간을 줄이면 그 시간에 비용 구조를 분석한다. 보고서 초안 쓰는 시간을 줄이면 그 시간에 숫자가 말하는 의미를 고민한다. 이상 징후 찾는 시간을 줄이면 그 시간에 리스크 대응 전략을 세운다. AI가 벌어준 시간을 더 중요한 판단에 쓸 때, 비로소 의미가 생긴다.

AI LEADERSHIP

3장

현장에서 리더는 AI와 이렇게 일한다

성과를 끌어올리는 팀장의 6대 영역 프롬프트

얼마 전, 한 기업 교육 세미나에서 AI를 활용한 팀 운영 사례를 발표했다. 주로 회의록 자동화, 데이터 분석 시간 단축, 팀원 피드백 작성 같은 실무 중심 이야기였다. 발표가 끝나고 질의응답 시간에 여러 질문이 쏟아졌는데, 그중 한 명이 대학원 후배인 박 팀장이었다. 오랜만에 보는 얼굴이었다.

세미나가 끝나자 그가 조심스럽게 다가왔다. 발표 내용이 인상적이었다고 하면서, 솔직히 자기는 아직 제대로 된 AI 도구 하나 써본 적이 없다고 했다. 주변에서는 다들 AI 이야기를 하는데 혼자만 뒤처지는 것 같아서 불안하다고 했다. 경쟁사 팀장들은 이미 활용하고 있다는 소문도 들었고, 같은 회사 내 다른 팀에서도 슬슬 시작한다는 이야기가 돈다고 했다. 어디서부터 어떻게 시작해야 할지 알려달라는 것이었다. 세미나장 근처 커피숍으로 자리를 옮겼다.

팀장으로 승진한 지 6개월쯤 됐다는 그의 얼굴에는 피곤함이 역력했다. 처음 승진했을 때만 해도 그는 의욕적이었다. 드디어 하고 싶던 일을 할 수 있게 됐다고 했었다. 그런데 지금 그의 모습은 달랐다. 매일 밤늦게까지 일하고, 주말에도 보고서를 쓰고, 월요일 아침에는 지난주 회의록을 정리하느라 일찍 출근한다고 했다. 팀원들은 정시에 퇴근하는데 자신만 남아 있다는 게 문제였다. 뭔가 잘못됐다는 건 알겠는데 어떻게 바꿔야 할지 모르겠다는 표정이었다.

박 팀장의 하루 일과를 듣고 있으니 한 가지 패턴이 보였다. 회의록 정리, 경쟁사 분석, 보고서 작성, 슬라이드 제작. 흥미로운 건, 이 모든 일이 실행이라는 점이었다. 정작 전략 수립이나 팀원과의 깊은 대화에 시간을 쓰지는 못했다. 어디에 시간을 쓰는지 돌아본 적 있냐고 물으니 고개를 저었다. 그냥 다 해야 하는 일들이라고 생각했단다. 회의록도 써야 하고 보고서도 써야 하니까. 그런데 그게 바로 함정이다. 팀장이 진짜 해야 하는 건 실행이 아니라 판단인데, 실행에 모든 시간을 빼앗기고 있었다.

사실 이건 박 팀장만의 문제가 아니다. 같은 회사에 두 팀장이 있다고 상상해보자. 둘 다 월요일 아침 주간 회의를 연다. 첫 번째 팀장의 팀에서는 팀원 중 한 명이 회의록을 작성한다. 회의가 끝나면 그 팀원이 30분을 더 들여 정리하고 공유한다. 경쟁사 분석 보고서가 필요하면 누군가 여러 회사 홈페이지를 돌아다니며 정보를 복사하고 붙여 넣고 엑셀에 정리한다. 팀원 면담 시간에는 준비 없이

"요즘 어때요?"라고 물으면 "괜찮아요"라는 답만 돌아온다. 상사에게 보고서를 제출하면 "이거 숫자로 보여줄 수 있어?"라는 피드백을 받고 다시 작업한다. 팀원들이 퇴근한 후에도 혼자 남아 내일 보고 자료를 만든다. 하루가 이렇게 흘러간다.

두 번째 팀장은 다르게 움직인다. 회의가 시작될 때 녹음을 시작한다. 팀장도 팀원도 대화에만 집중한다. 회의가 끝나면 자동 생성된 회의록을 몇 분만 검토하고 공유한다. 경쟁사 분석이 필요하면 AI에게 초안을 맡기고, 거기에 우리만의 관점을 더한다. 팀원 면담 전에는 미리 준비한 질문 리스트가 있어서 표면적인 대답이 아니라 진짜 고민을 듣는다. 상사에게 제출하는 보고서는 처음부터 숫자 중심으로 작성되어 있고 예상 질문에 대한 답변도 포함되어 있다. 정시에 퇴근한다.

한쪽은 실행에 시간을 쓰고, 다른 쪽은 판단에 시간을 쓴다. 같은 하루를 살지만 하나는 지쳐가고 하나는 성장한다. 박 팀장은 전자였고, 이 격차가 벌어지고 있다는 걸 감지하기 시작한 것이다.

박 팀장도 챗GPT를 써봤다고 했다. AI에 회의록 정리를 맡겼더니 엉망으로 나왔고, 보고서를 쓰라고 했더니 쓸모없었다고 한다. 당연하다. 어디에 어떻게 써야 하는지 모른 채 그냥 던졌으니까.

박 팀장처럼 지친 리더들에게는 공통점이 있다. 모든 일을 자기가 다 하려고 한다. 팀장의 일을 들여다보면 일반적으로 크게 6가지 영역으로 나뉜다. 데이터 속 인사이트를 찾아내는 일, 회의와 보고를 효율화하는 일, 팀원과 소통하고 감정을 관리하는 일, 중요한 결정을 내리는 일, 사람을 키우는 일, 상사와 조직을 설득하는 일.

문제는 영역마다 AI를 활용하는 방법이 전혀 다르다는 점이다. 회의록 정리하는 방식과 의사결정을 돕는 방식이 같을 리 없다. 데이터 분석할 때 쓰는 프롬프트와 팀원 피드백 작성할 때 쓰는 프롬프트가 다르다. 그런데 많은 팀장이 이 차이를 모르고, 그냥 '챗GPT 써봤는데 별로더라'고 결론 내린다.

6개월 후 박 팀장은 어떻게 될까. 지금처럼 계속한다면 아마 여전히 늦은 밤까지 일하고 있을 것이다. 지금부터 바꾼다면 정시에 퇴근하고 주말에는 가족과 시간을 보낼 수 있을 것이다. 흥미로운 건 후자의 경우 팀 성과가 더 좋아진다는 사실이다. 1년 후는 더 극명하게 갈린다. 한쪽은 번아웃으로 팀을 떠날 수도 있고, 다른 쪽은 본부장 승진 대상이 될 수도 있다. 2년 후가 되면 한쪽은 "요즘 팀장 하기 너무 힘들다"라고 말하고, 다른 쪽은 "팀장만큼 재미있는 직책이 없다"라고 말한다. 어디에 집중했는가의 차이다.

지금부터 설명할 6가지 영역은 내일 아침부터 당장 쓸 수 있는 것들이다. 박 팀장처럼 어디서부터 시작해야 할지 막막한 팀장이라면, 첫 번째 영역부터 차근차근 따라가보자.

데이터 리서치와 인사이트 도출하기

/

데이터 속에서 의미를 찾아내는 것. 이것이 팀장의 핵심 역할이다. 하지만 데이터를 모으고 정리하는 데만 하루가 다 가고, 정작 인사이트를 도출할 시간은 없다. 경쟁사 IR 보고서 100페이지, 시장조사 자료 50개 문서, 고객 설문 응답 500개. 이런 자료들을 하나하나 읽다 보면 주말이 통째로 사라진다. 읽고 나면 머릿속에는 정보만 가득하고 정작 무슨 의미인지는 흐릿하다.

AI는 이 지점에서 팀장의 시간을 되돌려준다. 방대한 자료를 빠르게 요약하고, 패턴을 찾아내고, 여러 데이터를 교차 분석해준다. 중요한 건 AI가 완벽한 답을 주는 게 아니라는 사실이다. AI는 초안을 만든다. 팀장은 그 초안을 보며 질문을 만든다. 이게 우리에게 무슨 의미인가? 팀원들과 무엇을 논의해야 하나? 답은 대화에서 나온다.

① 초급: 방대한 자료 빠르게 요약하기

다음 주 월요일 회의에서 경쟁사 3곳의 최신 전략을 보고해야 한다. 각 회사의 실적 보고서를 모았더니 총 200페이지가 넘는다. 전부 읽으려면 최소 5시간은 걸린다. AI에 보고서를 붙여 넣자.

> 이 보고서에서 다음 4가지를 3~5줄로 요약해줘.
> 1. 매출 및 영업이익 변화 (전년 동기 대비)
> 2. 주력 사업 현황
> 3. 신규 진출 분야
> 4. 향후 전략 방향
> 우리 회사가 주목해야 할 포인트가 있으면 별도 표시해줘.

1) 매출 및 영업이익: 매출 2.3조 원(+12%), 영업이익 2,800억 원(+8%). 원가 상승에도 가격 인상으로 수익성 유지.
2) 주력 사업: 프리미엄 라인 매출 비중 45%로 확대. 기존 대중 제품군은 성장 정체.
3) 신규 진출: 동남아 시장 본격 진출 선언. 베트남·인도네시아 현지 생산 시설 2026년 가동 목표.
4) 향후 전략: B2B 채널 확대 및 구독 모델 테스트 예정. 디지털 마케팅 투자 30% 증액.
※ 주목 포인트: 동남아 진출 일정이 우리와 겹침. 현지 유통망 선점 경쟁 예상.

30초 만에 요약이 나온다. 원본 보고서와 대조하며 중요한 부분을 확인한다. 숫자가 맞는지, 논리적으로 말이 되는지 점검한다. AI가 놓친 부분이 있으면 다시 물어본다. "3번 항목에서 구체적으로 어떤 지역에 진출한다고 했어?" 같은 식으로. 두 번째, 세 번째 보고서도 같은 방식으로 처리한다. 원래 업무 처리에 걸렸던 5시간이 1시간으로 줄어든다.

하지만 시간 절약이 핵심은 아니다. 아낀 시간으로 무엇을 하느냐다. 월요일 회의에서 팀장은 미리 공유한 요약 자료를 펼쳐놓고 팀원들에게 묻는다.

"이 세 회사의 움직임을 보면 어떤 패턴이 보이나요? 우리에게는 어떤 의미일까요?"

1시간 동안 토론이 이어진다. 누군가는 A사의 디지털 투자 증가가 우리 약점을 공략하려는 신호 같다고 말한다. 다른 누군가는 B

사의 신규 시장 진출이 우리에게도 기회가 될 수 있다고 덧붙인다. 팀장은 거의 듣기만 한다. 가끔 질문을 던지거나 정리해줄 뿐이다.

② 중급: 여러 자료에서 패턴 발견하기

단순 요약을 넘어서 AI에게 패턴을 찾아달라고 요청할 수 있다. 경쟁사 3곳의 분기별 마케팅 투자 내역을 모았다. 각자 따로 보면 그냥 숫자들인데, 이걸 종합해서 어떤 흐름이 있는지 알고 싶다.

> 너는 10년 경력의 마케팅 전략 컨설턴트야. 우리는 식품업계 3위, 주요 타깃은 2030 세대야. 아래는 경쟁사 A, B, C의 2025년 분기별 마케팅 투자 비율이야.
>
> - A사: TV 60%→40%, 디지털 40%→60%
> - B사: TV 50%→30%, 디지털 50%→70%
> - C사: TV 70%→50%, 디지털 30%→50%
>
> 이 데이터를 분석해서 표로 정리해줘.
>
> 1. 3개 회사 공통 트렌드
> 2. 우리 회사(TV 70%, 디지털 30%)와의 차이점
> 3. 2026년 예상 변화
> 4. 우리가 취해야 할 액션

AI에게 역할을 부여하고('10년 경력 컨설턴트') 우리 회사의 맥락을 제공하고('3위 기업, 2030 타깃') 출력 형식을 지정한다('표 형식'). 프롬프트를 구체적으로 쓸수록 결과가 정확해진다.

항목	분석 내용
공통 트렌드	3사 모두 디지털 비중 급증 (평균 +20%p). TV 광고는 브랜딩용으로만 유지하는 추세
우리와 차이	경쟁사 평균 디지털 60%, 우리는 30%. 업계에서 가장 뒤처진 상황
2026년 예상	선두 기업은 디지털 75% 이상 예상. 특히 숏폼·인플루언서 마케팅 집중
액션 아이템	Q1에 디지털 비중 50%로 상향 검토. 2030 타깃 고려 시 인스타·틱톡 우선 투자 권장

※ 인사이트: 경쟁사들이 이미 1~2년 전부터 전환을 시작했습니다. 지금 움직이지 않으면 격차가 더 벌어질 수 있습니다.

AI는 트렌드를 정리해준다. 3개 회사 모두 디지털 비중을 급격히 늘리고 있다는 것, 우리 회사가 가장 뒤처져 있다는 것.

팀장은 이 결과를 원본 데이터와 대조한다. 논리적 비약은 없는지, 우리 상황을 제대로 반영했는지 점검한다. 그리고 팀원들과 공유한다. "경쟁사들이 모두 디지털로 가고 있습니다. 우리도 Q1부터 예산 배분을 바꿔야 할까요?" 토론이 시작된다.

③ 고급: 여러 종류의 데이터를 교차 분석하기

고급 활용은 서로 다른 종류의 데이터를 동시에 분석하는 것이다. 우리 제품 매출이 3분기 연속 정체 상태다. 경쟁사는 성장 중이다. 무엇이 문제일까. 매출 데이터만 봐서는 답이 안 나온다. 고객 리뷰, 경쟁사 동향, 시장 트렌드를 함께 봐야 한다.

식품회사 마케팅팀장으로서 아래 4가지 데이터를 종합 분석해줘.
- 데이터 1: 매출 추이 - Q1: 100억 원 / Q2: 102억 원 / Q3: 101억 원 (정체)
- 데이터 2: 고객 리뷰 키워드 - 긍정: 맛있다(40%), 가성비(30%) / 부정: 패키징 별로(35%), 온라인 구매 불편(28%)
- 데이터 3: 경쟁사 - A사 패키징 리뉴얼로 15%↑, B사 온라인 전용 상품으로 2030 고객 30%↑
- 데이터 4: 시장 - 전체 성장률 8%, 온라인 채널 25% 성장

아래와 같이 분석해줘.
1. 핵심 인사이트 3가지
2. 매출 정체 주요 원인
3. 즉시 실행 가능한 해결책 3가지

핵심 인사이트	내용
① 제품력은 충분	맛·가성비 긍정 평가 70%. 제품 자체 문제 아님
② 접점에서 이탈	패키징·온라인 불편이 구매 전환을 막는 중
③ 성장 채널 부재	시장은 온라인서 25% 성장 중인데, 우리는 거기서 약함

매출 정체 원인 (우선순위순)
1. 온라인 채널 경쟁력 부족 (시장 성장 못 따라감)
2. 패키징 노후화 (경쟁사 대비 브랜드 이미지 하락)
3. 신규 고객 유입 채널 부재

즉시 실행 가능한 해결책

해결책	예상 효과	소요 기간
패키징 리뉴얼(디자인만 우선)	브랜드 인식 개선, 매출 5~10%↑	2~3개월
온라인몰 UX 개선	이탈률 감소, 전환율 15%↑	1개월
온라인 전용 기획 상품 출시	2030 신규 고객 확보	2개월

AI는 4가지 데이터 사이의 연결고리를 찾아낸다. “패키징이 낡았다”라는 리뷰가 35%인데 경쟁사 A는 패키징 리뉴얼로 15% 성장했다. 온라인 구매 불평불만이 28%인데 시장은 온라인 중심으로 25% 성장 중이다. 우리가 약한 곳에서 시장이 크고 있다.

AI는 원인을 정리하고 해결책을 제안한다. 팀장은 이 분석 결과를 팀원들과 검토한다.

“AI가 패키징 리뉴얼을 1순위로 제시했는데, 여러분 생각은?”

누군가는 동의하고, 누군가는 예산 문제를 제기한다. 대화가 깊어진다. 그리고 팀장은 다시 AI에게 묻는다.

“패키징 리뉴얼 예산이 5,000만 원으로 제한된다면 어떤 방향으로 접근하면 좋을까?”

AI와 연속 대화를 이어가며 점점 구체화한다.

④ 이것만은 주의하자

AI가 제시한 분석 결과는 반드시 검증해야 한다. 숫자는 직접 재확인한다. 논리적 비약이 없는지 점검한다. 우리 현장 상황과 맞는지 판단한다. AI는 데이터를 정리하고 패턴을 찾아주지만, 완벽하지 않다. 가끔 중요한 부분을 놓치기도 하고, 엉뚱한 결론을 내기도 한다. 그래서 AI 결과는 항상 초안이다. 최종 판단은 리더의 몫이다.

기밀 데이터를 다룰 때는 주의가 필요하다. 실제 고객명이나 구체적인 매출액을 그대로 입력하지 않는다. 가명 처리를 하거나 상대적 수치로 변환한다. ‘100억 원’이 아니라 ‘기준년 대비 102%’처럼.

AI에게 맡길 수 있는 것과 맡기면 안 되는 것의 경계를 명확히 한다.

데이터 리서치 영역에서 AI는 팀장에게 시간을 되돌려준다. 자료를 모으고 정리하는 시간이 줄어들면, 그 시간에 팀장은 무엇을 하는가. 팀원들과 함께 앉아서 묻는다. 이 데이터가 우리에게 무슨 의미인가. 우리는 무엇을 해야 하는가. 답은 AI가 주지 않는다. 다시 말하지만, 답은 대화에서 나온다. 데이터 정리는 AI가 해도 되지만, 의미를 부여하는 건 여전히 사람의 일이다. 그게 리더가 해야 하는 일이다.

회의와 보고 효율화하기

/

주간 회의, 월간 보고, 프로젝트 미팅. 팀장의 시간은 회의에 잡아먹힌다. 그런데 회의가 끝나고 나면 정작 해야 할 일이 남아 있다. 회의록을 정리하고, 구체적 행동 계획을 추출하고, 상사에게 보고할 자료를 만든다. 회의 자체보다 회의 이후 작업이 더 오래 걸릴 때가 많다. 팀원들은 다 돌아갔는데 팀장 혼자 남아서 정리한다.

문제는 회의 중에 팀장이 2가지 일을 동시에 해야 한다는 것이다. 대화에 집중하면서 동시에 기록도 해야 한다. 누가 무슨 말을 했는지, 어떤 결정이 났는지, 누가 무엇을 하기로 했는지. 메모를 하다 보면 대화를 놓친다. 대화에 집중하다 보면 나중에 기억이 흐릿하다. 어떤 팀장은 아예 팀원 한 명에게 회의록을 맡긴다. 그러면 그 팀원은 회의 내용을 제대로 따라가지 못한다.

이 문제는 AI로 풀 수 있다. 회의 내용을 자동으로 기록하고 정리해준다. 팀장도 팀원도 오직 대화에만 집중할 수 있다. 회의가 끝나면 몇 분 안에 정리된 회의록이 나온다. 이제 회의는 정말로 회의를 위한 시간이 된다.

① 초급: 회의록 자동 생성하기

가장 기본적이면서 가장 효과적인 활용은 음성을 자동으로 텍스트로 변환하는 기능이다. 한국어 회의에는 클로바노트(Clova Note), 릴리스에이아이(lilys.ai), 에이닷 같은 도구가 많이 쓰인다. 회의 시작 시 녹음을 켜고 끝날 때 끄면 된다. AI가 자동으로 발언자를 구분하고, 핵심 내용을 요약하고, 주요 키워드까지 추출해준다.

박 팀장의 팀은 매주 월요일 오전에 주간 회의를 한다. 예전에는 막내 직원이 회의록을 작성했다. 회의가 끝나면 그 직원이 30분을 더 들여 정리하고, 박 팀장이 검토해서 팀 채널에 공유했다. 회의 끝나고 1시간 후에야 회의록이 돌았다. 그 직원은 회의 중에 메모하느라 정작 회의 내용을 제대로 따라가지 못했다.

이제는 회의 시작할 때 릴리스에이아이를 켠다. 한 시간 회의가 끝나면 AI가 즉시 전체 대화를 스크립트로 만들어준다. 거기서 끝이 아니다. AI는 요약본과 실천 과제 목록까지 자동으로 제안한다. 박 팀장이 직접 그 내용을 빠르게 확인하며 필수적인 수정만 한다. 10분이면 충분하다. 회의 끝나고 15분 후에 정리된 회의록이 팀 전원에게 공유된다.

흥미로운 건 팀장이 직접 정리하는 게 오히려 더 정확하다는 것이다. 회의를 주도한 사람이 정리하니 맥락을 놓치지 않는다. 그리고 막내 직원은 이제 회의 중에 온전히 대화에 집중할 수 있다. 본인 의견도 자유롭게 낸다. AI가 대신 기록해주니까.

릴리스에이아이 실행 화면

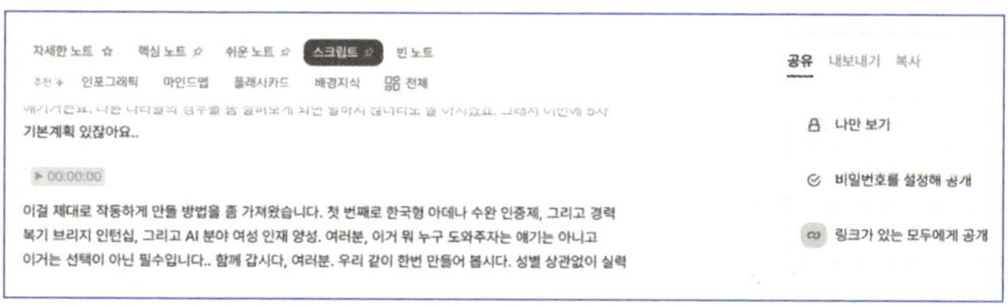

하지만 여기서 끝이 아니다. 회의록을 챗GPT에 넣고 한 번 더 정리할 수 있다.

아래는 오늘 주간 회의 녹취록이야. 다음 양식으로 정리해줘.
1. 핵심 결정 사항 (3줄 이내)
2. 주요 논의 내용 요약
3. 다음 회의에서 논의할 사항

첨부: 회의 녹취록 전문

1) 핵심 결정 사항
- 신제품 론칭일 3월 15일로 확정
- 마케팅 예산 15% 증액 승인
- 패키징 디자인 B안으로 최종 선정

2) 주요 논의 내용
- 론칭 시점: 3월 초 vs 중순 논의 → 경쟁사 일정 고려해 15일로 결정
- 마케팅 채널: 인플루언서 활용 방안 집중 논의, 3인 후보 선정
- 패키징: A안(모던) vs B안(친환경) 중 타깃층 선호도 기반 B안 선정

3) 다음 회의 논의 사항
- 인플루언서 최종 선정 (견적 비교 후)
- 오프라인 론칭 이벤트 진행 여부

이렇게 하면 한 시간짜리 회의가 한 페이지 요약본으로 압축된다. 팀원들은 길게 읽을 필요 없이 핵심만 파악한다. 무엇이 결정됐고, 자기가 무엇을 해야 하고, 언제까지 해야 하는지가 명확하다.

② 중급: 실천 과제를 자동 추출하고 추적하기

회의록보다 더 중요한 건 구체적 행동 계획이다. 회의에서 나온 모든 할 일을 누가 언제까지 하기로 했는지 명확히 해야 한다. 예전

에는 회의록을 읽으며 팀장이 일일이 추출했다. '김 대리가 경쟁사 자료 준비'처럼 흩어져 있는 내용을 모아서 정리했다. 이제는 챗GPT에게 액션 아이템(실천 과제)만 따로 뽑아달라고 할 수 있다.

아래 회의록에서 액션 아이템만 추출해줘.
- 형식: [담당자]: [할 일] (기한: [날짜])
- 기한이 없으면 '기한 미정'으로 표시해줘

첨부: 회의 녹취록 전문

- 김 대리: 경쟁사 비교표 작성 (기한: 1/10)
- 이 과장: 인플루언서 3인 컨택 및 견적 확보 (기한: 1/15)
- 박 사원: SNS 티저 콘텐츠 초안 작성 (기한: 1/12)
- 최 대리: 유통사별 입점 조건 정리 (기한: 1/17)
- 정 과장: 경쟁사 론칭 일정 모니터링 (기한 미정)

총 5건의 액션 아이템이 도출되었습니다. 노션이나 슬랙에 바로 붙여 넣기 가능한 형식입니다.

이렇게 나온 액션 아이템 목록을 박 팀장은 팀 프로젝트 관리 툴(노션이나 슬랙 등)에 바로 붙여 넣는다. 각 항목에 담당자를 태그하고, 마감일을 설정한다. 회의에서 나온 결정이 자연스럽게 실행으로 이어진다.

다음 주 회의 전에 박 팀장은 지난주 액션 아이템을 확인한다. 뭐가 끝났고, 뭐가 지연됐고, 뭐가 막혔는지. 회의 시작할 때 간단히 체크한다.

"지난주에 김 대리가 하기로 했던 경쟁사 비교표, 완료됐죠?"

명확하다. 말만 하고 흐지부지되는 일이 없다.

③ 중급: 상사(임원) 보고를 위해 요약하기

팀 내부 회의뿐 아니라 상사에게 보고할 때도 AI가 도움이 된다. 주간 회의 내용을 상사에게 보고해야 하는데, 전체 회의록을 다 보낼 수는 없다. 핵심만 뽑아서 간결하게 전달해야 한다.

> 위 회의록을 임원 보고용으로 요약해줘.
> - 한 줄 요약
> - 주요 결정 사항 (3개 이내)
> - 필요한 지원/승인 사항
>
> 임원이 30초 안에 파악할 수 있게 간결하게 작성해줘.

> 1. 한 줄 요약: 신제품 3월 15일 론칭 확정, 마케팅 집행 준비 본격 돌입
>
> 2. 주요 결정 사항
> - 론칭일 3/15 확정 (생산·유통 일정 연동 완료)
> - 마케팅 예산 15% 증액 승인
> - 패키징 디자인 B안 최종 선정
>
> 3. 필요 지원 사항: 없음 (금주 내 자체 진행 가능)

상사는 디테일보다 결론이 궁금하다. 한 시간짜리 회의 내용이 5줄로 압축되면, 상사는 핵심만 빠르게 파악한다. 필요하면 자세히 물어본다. 보고서 작성 시간이 30분에서 5분으로 줄어든다.

④ 고급: 회의 자료 통합 분석하기

여러 문서를 바탕으로 회의를 준비해야 할 때가 있다. 지난달 회의록, 프로젝트 현황 보고서, 고객 피드백 정리본. 이런 자료들을 일일이 읽고 정리하는 대신, 구글 노트북LM(NotebookLM)을 활용할 수 있다.

구글 노트북LM 실행 화면

박 팀장은 다음 주 경영진 보고를 앞두고 관련 자료 5개를 노트북LM에 업로드했다. 그리고 "지난 분기 프로젝트에서 반복적으로 나온 이슈를 3가지로 정리해줘"라고 요청했다. 여러 문서를 넘나들며 맥락을 파악한 답이 나왔다.

문서로 정리하는 것도 좋지만, 오디오로 생성하면 출퇴근길에 들을 수 있다. '오디오 오버뷰(Audio Overview)'를 클릭하면 두 명의 AI 호스트가 대화하는 팟캐스트가 만들어진다. 10분 내외로, 핵심을 자연스럽게 논의한다. 박 팀장은 이걸 다운받아서 아침에 운전하면서 들었다.

비디오로도 생성할 수 있다. '비디오 오버뷰(Video Overview)'는 자료를 시각적 프레젠테이션으로 변환해준다. 회의 전 팀원들과 공유하면, 사전 맥락 파악이 쉬워진다.

박 팀장은 이제 회의 전날 밤에 자료 정리하느라 시간을 쓰지 않는다. 대신 어떤 질문을 던질지, 팀원들과 무엇을 논의할지를 생각한다.

⑤ 이것만은 주의하자

회의 녹음을 할 때는 반드시 참석자들에게 미리 알려야 한다. "오늘 회의는 녹음해서 회의록 작성에 활용하겠습니다"라고 회의 시작 전에 말한다. 대부분 문제없이 동의하지만, 민감한 내용이 있을 때는 녹음을 끄거나 해당 부분만 수동으로 기록한다.

AI가 만든 회의록은 완벽하지 않다. 특히 한국어 회의에서는 문맥을 놓치거나 전문 용어를 잘못 인식할 때가 있다. 그래서 팀장이 최종 검토를 반드시 해야 한다. 중요한 결정 사항이 제대로 기록됐는지, 액션 아이템이 명확한지 확인한다.

AI가 맡는 일은 기록과 정리다. 리더가 하는 일은 방향을 잡고 질문을 던지는 것이다. 예전에는 회의 중에 팀장이 메모하느라 대화를 놓쳤다. 이제는 완전히 대화에 집중한다. 팀원의 표정을 보고, 말투를 듣고, 분위기를 읽는다. 누가 불편해하는지, 누가 더 말하고 싶어 하는지. AI가 회의록을 정리해줄 수는 있지만, 팀의 공기는 리더만이 읽을 수 있다.

팀 커뮤니케이션과 조직 감정 관리하기

어떻게 말해야 할까. 공지 사항을 쓸 때도, 팀원과 면담할 때도 팀장은 고민한다. 너무 딱딱하면 차갑게 느껴지고, 너무 부드러우면 진지함이 없어 보인다. 중요한 얘기일수록 더 신중해진다. 한 문장을 쓰고 지우기를 반복한다. 결국 평범한 말로 마무리되고, 전달하고 싶었던 진심은 반도 담기지 않는다.

AI는 팀장의 말을 대신해줄 수는 없지만 전하고 싶은 마음을 더 잘 표현하도록 도울 수 있다. 초안을 만들어주고, 여러 톤을 시도해 볼 수 있게 해준다. 팀장은 그중에서 자기 목소리에 가장 가까운 것을 고른다. 그리고 자기 방식으로 다듬는다. AI가 쓴 걸 그대로 보내는 게 아니라, AI가 제안한 여러 표현 중에서 진심에 가까운 것을 찾는다.

① 초급: 공지 사항 초안 작성하기

팀에 중요한 소식을 전해야 할 때가 있다. 프로젝트 일정이 변경됐거나, 새로운 정책이 생겼거나, 팀원 한 명이 떠난다거나. 어떻게 전달하느냐에 따라 팀 분위기가 달라진다. 박 팀장은 공지 사항 하나 쓰는 데 한 시간씩 걸릴 때가 있었다. 어떻게 시작해야 할지, 어떤 순서로 말해야 할지, 어떻게 끝내야 할지.

이제는 챗GPT에게 먼저 물어본다.

프로젝트 일정이 2주 연기됐어. 팀 채널에 공지할 메시지 작성해줘.

- 사유: 협력사 일정 변경
- 팀원들이 준비한 건 예정대로 진행
- 솔직하고 긍정적인 톤으로
- 3~4문장으로 간결하게

협력사 일정 변경으로 인해 프로젝트 일정이 2주 연기되었습니다. 다만 팀원 여러분이 준비해 주신 작업들은 기존 계획대로 진행해 주세요. 여러분 덕분에 준비는 완벽합니다. 이번 기간을 활용해 한 단계 더 다듬을 수 있을 것이라 기대합니다. 변경된 상세 일정은 정리되는 대로 공유드리겠습니다.

AI는 여러 버전을 제안한다. 박 팀장은 그중에서 팀 분위기에 맞는 톤을 고른다. 하지만 그대로 보내지 않고, AI가 쓴 문장 중에 어색한 부분을 고친 후 본인만의 표현을 추가한다. "여러분 덕분에 준비는 완벽합니다"라는 문장이 마음에 들지 않으면 "다들 정말 잘 준비해줬어요"로 바꾼다. 공지문을 쓰는 시간이 30분에서 10분으로 줄었다. 그런데 더 중요한 건 여러 톤을 시도해보면서 자기만의 스타일을 찾아가는 것이다.

② 중급: 팀원 1:1 면담 준비하기

박 팀장은 매달 팀원들과 30분씩 1:1 면담을 한다. 그런데 면담을 하면 항상 비슷한 패턴이 반복됐다.

박 팀장: "요즘 어때요?"

팀원: "괜찮아요."

박 팀장: "프로젝트는?"

팀원: "잘되고 있어요."

보통 표면적인 대화만 오가고 면담이 끝난다. 정작 팀원이 어떤 고민을 하는지, 무엇이 어려운지 깊이 들어가지 못한다. 준비 없이 가니까 대화가 겉돌았다. 이제는 면담 전날 챗GPT를 연다.

나는 ○○팀 팀장이야. 다음 주에 김 대리와 1:1 면담이 있어.
- 입사 3년 차, 마케팅 담당
- 최근 SNS 캠페인 리드를 했는데 혼자 부담이 컸던 것 같음
- 평소 말수가 적고, 의견 표현 잘 하지 않는 스타일
이번 면담 목표: 프로젝트 회고, 어려웠던 점 듣기, 앞으로 방향 파악
"예/아니요"로 답할 수 없는 형식으로, 열린 질문 7개 만들어줘.

프로젝트 회고
1. 이번 캠페인에서 가장 뿌듯했던 순간은 언제였어요?
2. 진행하면서 "이건 예상 못했다" 싶었던 부분이 있었나요?
3. 다시 한다면 다르게 해보고 싶은 게 있어요?

어려웠던 점
4. 이번 캠페인에서 가장 어려웠던 순간이 언제였어요?
5. 도움이 필요했는데 말하기 어려웠던 순간이 있었나요?

앞으로 방향
6. 앞으로 더 해보고 싶은 업무나 역할이 있어요?

7. 제가 어떻게 지원하면 일하기 더 편할까요?

면담 팁: 질문을 그대로 읽기보다 자연스럽게 대화하듯 꺼내세요. 김 대리가 말을 꺼내면 끊지 말고 충분히 들어주시는 게 좋습니다.

AI는 질문 리스트를 제안한다. 박 팀장은 그중에서 지금 상황에 맞는 5~6개를 골라 메모한다. 면담 때 이 질문들을 하나씩 꺼낸다.

"이번 캠페인에서 가장 어려웠던 순간이 언제였어요?"

구체적인 질문이니까 구체적인 답이 돌아온다. 김 대리는 말한다. 혼자 결정해야 할 게 많아서 부담스러웠다고. 도움을 요청하고 싶었는데 바빠 보여서 말을 못 꺼냈다고.

박 팀장은 듣는다. AI가 만든 질문이지만, 이 대화는 AI가 대신할 수 없다. 김 대리의 표정, 말투, 잠시 멈추는 순간. 그 안에서 진짜 마음을 읽는다. 다음 질문을 던진다.

"그럼 앞으로는 어떤 식으로 일하면 좋을 것 같아요?"

대화가 깊어진다. 면담이 끝나고 김 대리가 말한다.

"오늘 얘기 정말 시원하게 했어요."

③ 고급: 조직 감정 온도 측정하기

팀 분위기를 읽는 건 쉽지 않다. 겉으로는 다들 웃지만, 속으로 어떤 생각을 하는지 알 수 없다. 박 팀장은 가끔 불안했다. 팀원들이 정말 괜찮은 걸까, 아니면 그냥 참고 있는 걸까.

분기마다 익명으로 설문을 돌린다.

"팀 분위기는 어떤가요?"

"어려운 점이 있나요?"

"개선됐으면 하는 게 있나요?"

팀원들의 응답이 20개가 넘으면 정리하기가 힘들다. 하나하나 읽다 보면 시간도 오래 걸리고, 전체 흐름을 파악하기도 어렵다.

박 팀장은 설문 응답을 모아서 챗GPT에 넣는다.

나는 OO팀 팀장이야. 우리 팀 분기 설문 응답 결과를 분석해줘.

첨부: 응답 전문

1. 가장 많이 언급된 이슈 3가지 (빈도순)
2. 긍정적 피드백 요약
3. 개선 필요 영역 (우선순위순)
4. 전체 감정 톤 (만족/보통/불만 비율)

1) 가장 많이 언급된 이슈
- 업무 분배 불균형 (7회)
- 회의 시간 과다 (5회)
- 재택근무 유연성 만족 (3회)

2) 긍정적 피드백
- 팀 분위기가 자유롭고 의견 내기 편함 (6회)
- 팀장님이 팀원 성장에 관심 가져줌 (4회)
- 재택근무 유연성 만족 (3회)

3) 개선 필요 영역 (우선순위)
- 업무 분배 투명화 (누가 뭘 하는지 공유)
- 회의 효율화 (불필요한 회의 줄이기)
- 정기적 1:1 피드백 시간 확보

4) 감정 톤 분포
- 만족: 9명 (45%)
- 보통: 7명 (35%)
- 불만: 4명 (20%)

제안: "업무 분배"가 핵심 이슈입니다. 다음 팀 회의에서 각자 현재 업무 현황을 공유하는 시간을 가져보시면 어떨까요?

AI는 흩어진 응답들에서 패턴을 찾아낸다. "업무 분배 불균형"이 7번 언급됐다. "회의 효율화"가 필요하다고 한다. 박 팀장은 이걸 보고 다음 주 팀 회의 어젠다(Agenda)를 정한다. 업무 분배에 대해 공개적으로 얘기해보고 누가 어떤 일을 하고 있는지 투명하게 공유하기로 했다.

④ 이것만은 주의하자!

AI로 작성한 메시지는 반드시 팀장 본인의 스타일로 다듬어야 한다. AI가 만든 문장을 그대로 보내면 팀원들도 금방 진심이 없다는 걸 알아챈다. AI는 초안을 만들고, 최종 메시지는 리더의 것이어야 한다.

1:1 면담 질문도 마찬가지다. AI가 제안한 질문을 그대로 읽으면 대본을 읽는 것처럼 들릴 수 있다. 자연스럽게, 상황에 맞게 변형해서 쓰고, 팀원의 반응을 보면서 다음 질문을 조정할 줄 알아야 한다. 준비는 하되 유연하게 움직인다.

팀 커뮤니케이션 영역에서 AI가 하는 일은 초안 작성과 패턴 분석이다. 리더가 하는 일은 진심을 담고 경청하는 것이다. 말을 잘하는 건 중요하다. 하지만 말보다 더 중요한 건 그 말에 담긴 마음이다. AI는 표현을 도와줄 수 있지만, 마음은 리더가 채워야 한다. 팀원들은 그 차이를 안다.

의사결정과 시뮬레이션하기

/

결정의 무게는 팀장에게 집중된다. 프로젝트 일정을 당길 것인가, 미룰 것인가. 신입을 뽑을 것인가, 경력을 뽑을 것인가. 새 시스템을 도입할 것인가, 기존 방식을 유지할 것인가. 하나를 선택하면 다른 하나를 포기해야 한다. 어느 쪽이든 누군가는 불만을 가질 수 있다. 그래서 팀장은 혼자 고민한다. 밤늦게까지 이것저것 따져보지만, 막상 결정하려고 하면 확신이 서지 않는다.

문제는 선택지가 충분히 펼쳐지지 않는다는 것이다. 머릿속에는 A안과 B안만 떠오른다. 그 외에 다른 방법이 있을 수도 있는데 생각이 거기까지 닿지 않는다. 각 선택이 가져올 결과도 추상적이다. "아마 이럴 것 같은데…" 수준에 그친다. 이해관계자들이 어떻게 반응할지도 막연하다. 상사는 뭐라고 할까. 팀원들은 받아들일까. 협력 부서는 협조해줄까. 이런 질문들이 머릿속을 맴돌지만 명확한 답은 없다.

AI는 이 과정에서 리더의 사고를 확장해준다. 더 많은 선택지를 제시하고, 각 선택의 결과를 구체화하고, 이해관계자의 반응을 미리 시뮬레이션해볼 수 있게 한다. 완벽한 예측은 아니다. 하지만 혼자 고민할 때보다 훨씬 넓고 깊게 생각할 수 있게 만든다. 결정은 여전히 리더가 내린다. 다만 그 결정이 더 많은 각도에서 검토된 것이라는 차이가 있다.

① 초급: 의사결정 옵션 나열하기

가장 기본적인 활용은 생각하지 못한 선택지를 찾아내는 것이다. 팀에 갑자기 급한 프로젝트가 들어왔다고 가정해보자. 일정은 3주밖에 없고 인력이 부족한 상황에서 일반적으로 팀장은 2가지 방법을 떠올린다. 팀원들을 늦은 시간까지 일을 시킬 것인가, 아니면 일정 연장을 요청할 것인가. 하지만 야근은 팀원들 부담이고, 일정 연장은 상사 설득이 어렵다. 결국 어느 쪽을 선택해도 마음이 편치 않다. 이럴 때 필요한 것은 기존의 선택지 중 하나를 고르는 일이 아니라 제3의 선택지를 만들어내는 일이다.

챗GPT에게 상황을 설명하고 다른 방법이 있는지 묻는다.

> 우리 팀에 아래와 같이 긴급 프로젝트가 들어왔어.
> - 기간: 3주, 인력: 5명 (다른 업무 중)
> - 필요 작업량: 240시간 (1인당 48시간 추가)
> - 제약: 일정 연장 불가, 추가 채용 불가, 예산 500만 원
>
> 지금 생각 중인 건 야근이나 일정 재협상인데, 다른 대안 5가지 제시해줘.
> 각각 장단점, 비용, 실행 가능성 포함해줘.

대안	장점	단점	예상 비용	실행 가능성
① 프리랜서 부분 투입	팀 부담 분산, 빠른 투입	온보딩 시간, 품질 관리 필요	300만~ 400만 원	높음
② 타 부서 리소스 차출	비용 없음, 내부 협업	부서 간 조율 필요, 거절 가능성	0원	중간
③ 프로젝트 범위 축소	일정 준수, 부담 감소	고객 협의 필요, 기대치 조정	0원	중간
④ 반복 업무 자동화	지속적 효율 개선	초기 세팅 시간 필요	50만 원 이하	높음
⑤ 기존 업무 우선순위 조정	즉시 적용 가능	다른 프로젝트 지연 리스크	0원	높음

추천 조합: ①+④+⑤ 병행 시 야근 없이 진행 가능할 것으로 보입니다. 프리랜서에게 디자인 파트를 맡기고, 주간 리포트를 자동화하면 주당 15시간 정도 확보됩니다.

AI는 생각지 못한 선택지들을 내놓는다. 외부 프리랜서 부분 투입, 다른 부서와 리소스 교환, 프로젝트 범위 축소 협상, 자동화 도구로 반복 작업 줄이기, 우선순위 낮은 기존 업무 일시 중단. 옵션마다 구체적인 실행 방법과 예상 결과가 달려 있다. 리더는 이 선택지들을 통해 '무엇이 가능하고, 무엇이 현실적인지'를 빠르게 검토할 수 있다.

팀장은 이 중에서 몇 가지를 골라 팀원들과 회의한다.

"프리랜서 부분 투입은 어떨까요? 디자인 파트만 외주로 돌리면…."

한 팀원이 답한다.

"그럼 저희가 검수만 하면 되니까 시간이 절반은 줄겠네요."

다른 의견도 나온다.

"기존 리포트 작성을 자동화하면 주당 10시간은 확보될 것 같아요."

대화가 이어지면서 AI가 제안한 아이디어가 점점 현실성을 갖춰간다.

② 중급: 시나리오별 영향 예측하기

선택지가 정해지면 각 선택이 가져올 결과를 구체적으로 예측해 볼 수 있다. 추상적인 예상이 아니라 여러 각도에서 시뮬레이션하는 것이다. 예를 들어 우리 팀과 개발팀의 협업 방식을 바꿀까 검토 중이다. 현재는 주 1회 회의로 진행하는데 속도가 느리다는 지적이 나온다. 그러자 개발팀에서 데일리 스탠드업을 제안했다. 매일 15분씩 모여서 빠르게 공유하자는 것이다. 빠른 건 좋지만 매일 회의가 부담스러울 수도 있다. 현행 유지, 전면 전환, 시범 운영. 각 선택이 가져올 결과를 미리 예측하고 싶다. 챗GPT에게 상황을 설명하고 시나리오 분석을 요청한다.

> 개발팀이 데일리 스탠드업(매일 15분 회의)을 제안했어. 현재는 주 1회 60분 회의 중인데 속도가 느리다는 지적이 있어.
> - 우리 팀: 5명, 회의 피로도 높음
> - 개발팀: 애자일 익숙, 빠른 피드백 선호

3가지 시나리오로 분석해줘.
A: 현행 유지 / B: 데일리 전환 / C: 2주 시범 운영
각각 즉시 결과, 중기 영향, 실패 시 리스크를 포함해서 정리해줘.

구분	A. 현행 유지	B. 데일리 전환	C. 2주 시범
즉시 결과	변화 없음, 안정적	커뮤니케이션 속도 즉시 향상	저항감 낮게 시작 가능
중기 영향	프로젝트 지연 지속, 개발팀 불만 누적	속도 향상되나 2주 차부터 피로 누적 가능	효과 확인 후 조정 가능
우리 팀 반응	편함(익숙함)	부담 (매일 회의 스트레스)	수용적(한시적이라 심리적 저항↓)
개발팀 관계	신뢰 저하 우려	협업 만족도 상승	긍정적 (노력한다는 인식)
실패 시 리스크	해당 없음	원복 시 "그것 봐라" 분위기	낮음(시범이라 부담 없이 종료 가능)

추천: C안(2주 시범)으로 시작하되, 우리 팀 집중 시간 고려해서 오후 2시로 조정 제안해보세요.

팀장은 AI의 분석을 보면서 생각한다. 단순히 빠르냐 느리냐만 본 게 아니라 팀 피로도와 관계 변화, 실패했을 때 얼마나 쉽게 되돌릴 수 있는지까지 입체적으로 살핀다. AI가 제시한 선택지 중 C안이 합리적이다. 2주 시범으로 하되, 우리 팀 막내가 오전 집중 시간을 쓴다는 점을 감안해 오후 2시로 조정한다.

개발팀장에게 제안한다.

"2주만 시범으로 해볼까요? 효과 있으면 계속하고요."

2주 후 양쪽 팀 모두 긍정적 반응이다. 속도도 빨라지고 부담도 크지 않다. 다만 수요일은 회의가 많아서 제외하기로 조정한다.

③ 고급: 이해관계자 반응 시뮬레이션하기

가장 고급 활용은 주요 이해관계자들의 반응을 미리 시뮬레이션해보는 것이다. 중요한 결정일수록 여러 사람의 입장을 고려해야 한다. 그런데 모든 사람의 관점을 머릿속에 담고 생각하기란 쉽지 않다. AI에게 각 이해관계자의 역할을 맡겨서 그들이 어떻게 반응할지 미리 들어볼 수 있다.

예를 들어 새로운 업무 관리 시스템 도입을 검토 중이다. 팀원들은 편해지지만 다른 부서와 협업 방식이 바뀐다. 상사는 비용을 걱정할 것이고, IT 부서는 추가 업무 부담을 우려할 것이다. 각자의 입장에서 어떤 질문과 반대가 나올지 예측하고 싶다.

> 새 업무 관리 시스템(연 1,200만 원) 도입을 제안하려고 해.
> 이해관계자 3명의 예상 반응을 시뮬레이션해줘.
>
> - 김 부장 (상사): 보수적, ROI 중시
> - 이 팀장 (IT): 기술 타당성 중시, 실무 부담 민감
> - 박 대리 (실무자): 사용 편의성 중시
>
> 각자가 던질 질문 3개, 우려 사항 2개, 설득에 필요한 정보를 작성해줘.

AI

김 부장 (상사)	내용
예상 질문	① 투자 대비 효과가 뭐야? ② 기존 툴로는 왜 안 돼? ③ 다른 회사 사례는?
우려 사항	ROI 불확실, 또 다른 비용 발생 가능성
설득 포인트	연간 절감 시간 × 인건비 계산, 경쟁사 도입 사례 2~3개

이 팀장 (IT)	내용
예상 질문	① 기존 시스템이랑 연동돼? ② 데이터 이관 공수는? ③ 장애 시 대응은?
우려 사항	추가 업무 부담, 보안 이슈
설득 포인트	기술 검토 문서, 벤더 SLA 조건, IT팀 공수 최소화 방안

박 대리 (실무자)	내용
예상 질문	① 배우는 데 얼마나 걸려요? ② 모바일도 돼요? ③ 지금보다 뭐가 좋아요?
우려 사항	학습 부담, 또 새로운 툴 적응
설득 포인트	데모 영상, 10분 튜토리얼, "반복 업무 ○○시간 줄어든다" 구체 수치

팀장은 AI가 제안해 준 질문들을 보며 준비한다. 김 부장에게는 ROI 계산 자료를, 이 팀장에게는 기술 검토 문서를, 박 대리에게는 데모 영상을 각각 준비한다. 실제 회의에서 예상 질문이 나온다. 하지만 당황하지 않는다. 이미 답을 준비해뒀으니까.

④ 이것만은 주의하자

AI가 제시한 선택지나 시나리오는 출발점일 뿐이다. 현실은 항상 더 복잡하다. AI가 고려하지 못한 변수가 있을 수 있다. 우리 조직의 특수한 사정, 최근 일어난 변화, 사람들 간의 미묘한 관계. 이런 맥락은 AI가 모른다. 그래서 AI 결과를 그대로 쓰면 안 된다. 우리 상황에 맞게 수정하고 보완해야 한다.

이해관계자 시뮬레이션도 실제 그 사람의 반응과 다를 수 있다.

AI는 일반적 패턴을 보여줄 뿐이다. 실제 그 사람의 기분, 그날의 상황, 최근 있었던 일들이 반응을 바꿀 수 있다. 그래서 시뮬레이션은 준비 도구일 뿐, 정답은 아니다. 유연하게 대응해야 한다.

가장 중요한 건 최종 결정에 대한 책임이다. AI가 제시한 선택지를 골랐다고 해서 AI 탓을 할 수는 없다. 그 선택을 한 건 리더다. 선택의 근거를 AI에게서 얻었더라도, 그 선택을 실행하고 결과를 책임지는 건 사람이다.

의사결정 영역에서 AI는 리더의 사고 폭을 넓혀준다. 더 많은 가능성을 보게 하고, 더 깊이 예측하게 하고, 더 많은 관점을 고려하게 한다. 하지만 결정은 여전히 리더가 내린다. AI는 선택지를 보여줄 수 있어도, 어느 것이 옳은지는 말해주지 않는다. 옳고 그름은 맥락 속에서 결정된다. 우리 팀의 상황, 지금 이 시점, 이 사람들과 함께. 그 맥락을 가장 잘 아는 사람이 리더다. AI는 판단을 돕는 도구이지, 판단을 대신하는 도구가 아니다.

팀원에게 피드백하기

/

"발표 좋았어요"라고만 하면 뻔하고, 구체적으로 표현하려니 문장이 안 나온다. 피드백은 왜 이렇게 어려울까. 결국 "수고했어요"라는 말만 남기고 돌아선다. 나중에 제대로 말하려고 생각하지만 계속 미뤄진다.

요즘 피드백은 변하고 있다. 과거처럼 '평가'하는 게 아니라 '성장'을 돕는다. 리더가 먼저 취약함을 드러내고, 팀원의 의견을 경청한다. "넌 이렇게 해"가 아니라 "너는 어떻게 생각해?"로 시작한다. 지적하기보다는 앞으로 어떻게 하면 좋을지 함께 생각한다. 이런 방식을 '피드포워드(Feedforward)'라고 부른다.

AI는 이런 대화의 출발점을 만들어준다. 칭찬 메시지, 개선 요청, 기회 제안. 중요한 건 AI가 대신 말해주는 게 아니라는 점이다. 팀장이 이미 느끼고 있던 것을 문장으로 만들어주는 것이다. 최종적으로 보내는 말은 여전히 리더의 것이다.

① 초급 : 팀원이 실수했을 때 피드백하기

회의가 끝났다. 김 대리가 보고한 수치가 틀렸다. 임원들 앞에서 지적당했고, 김 대리의 얼굴이 굳었다. 팀장도 당황스럽다. 회의실을 나오면서 생각한다. 지금 바로 말해야 할까, 시간을 두고 말해야 할까? 뭐라고 말해야 상처 주지 않으면서도 다음엔 조심하게 만들 수 있을까? 자리로 돌아와 챗GPT를 연다.

> 김 대리가 오늘 전사 회의에서 매출 수치를 잘못 보고했어. 임원이 현장에서 지적했고 김 대리가 많이 당황한 것 같은데, 카톡으로 피드백 메시지 보내려고 해.
>
> - 실수는 누구나 할 수 있다는 것
> - 나도 업무량 조절 못한 책임이 있다는 것

- 앞으로 어떻게 하면 좋을지 함께 고민하자는 것

2~3줄로 부담스럽지 않게 작성해줘.

AI 오늘 회의 때 당황스러웠죠. 최근 업무가 많았는데 제가 좀 더 신경 썼어야 했어요. 다음부터 중요한 숫자는 같이 한 번 더 확인하는 걸로 해요. 오늘 일은 너무 신경 쓰지 말아요!

AI가 제안한 문장이 너무 교과서적인 것 같아 팀장은 이렇게 수정한다.

"오늘 당황스러웠죠. 저도 업무량 조절 못 해서 미안해요. 앞으로 이런 실수를 줄이려면 어떻게 하면 좋을까요? 제가 어떻게 도우면 될까요?"

진심과 열린 질문을 함께 담았다. 30분 정도 지나서 메시지를 보낸다. 김 대리가 조금 진정할 시간을 준 것이다. 5분 후 답장이 온다.

"괜찮습니다, 팀장님. 제가 확인을 소홀히 했어요. 다음부턴 두 번 체크하겠습니다."

팀장은 안도한다. 실수를 인정하면서도 자신감은 잃지 않은 답변이다.

② 중급: 작은 성장 기회 주기

박 사원이 입사한 지 6개월이 됐다. 이제 혼자서도 충분히 할 수 있을 것 같다. 다음 달에 작은 프로젝트 하나를 맡겨보려고 한다. 그런데 어떻게 제안하면 좋을까. 너무 가볍게 "이거 한번 해봐"라고 하면 기회를 주는 건지 일을 떠넘기는 건지 헷갈릴 수 있다. 좀 더 의미 있게 제안하고 싶다. 바로 챗GPT를 연다.

> 박 사원(신입 6개월 차)에게 첫 프로젝트를 맡기려고 해.
> - 프로젝트: 고객 만족도 설문 설계 (3주)
> - 박 사원: 지금까지 보조 역할만, 꼼꼼하고 성실, 자신감은 부족
>
> 1:1 면담에서 제안할 멘트 작성해줘.
> - 충분히 할 수 있다는 믿음
> - 실패해도 괜찮다는 안심
> - 3~4문장으로

> 박 사원, 다음 달 고객 설문 프로젝트를 맡아보면 어떨까요? 그동안 자료 정리하는 거 보면서 느꼈는데, 꼼꼼하게 챙기는 능력이 이 프로젝트에 딱 맞을 것 같아요. 처음이라 막히는 부분 있으면 언제든 물어봐도 되고, 완벽하지 않아도 괜찮아요. 어떻게 생각해요?

AI가 제안한 멘트를 좀 더 구체적으로 다듬는다. 다음 날 1:1 면담에서 준비한 멘트로 제안한다. 박 사원의 표정이 밝아진다.

"제가 할 수 있을까요?"

팀장이 답한다.

"처음이라 어려울 수 있어요. 그런데 그게 배우는 거죠. 막히면 언제든 물어보세요."

박 사원이 고개를 끄덕인다.

③ 고급: 팀원과 면담 전 강점 정리하기

분기마다 팀원들과 1:1 면담을 한다. 이번 주는 이 주임 차례다. 항상 성실하고 묵묵히 일하는 사람이다. 그런데 막상 면담을 앞두고 생각해보니 이 주임의 진짜 강점이 뭔지 명확하지 않다. "성실하고 꼼꼼하다"라는 말만 떠오른다. 좀 더 구체적으로 강점을 짚어 주고 싶다. 지난 6개월을 돌아보면서 챗GPT를 연다.

> 이 주임(콘텐츠 담당, 3년 차)과 면담 준비 중이야.
>
> 최근 6개월 관찰 내용
> - 블로그 12개 작성, 조회수 30% 증가
> - 다른 팀원이 놓친 오타/오류 자주 발견
> - 회의에서 말은 적지만 한번 말하면 핵심을 찌름
> - AI 도구 스터디 자발적으로 시작
> - 아침 일찍 출근해서 집중 시간 확보
>
> 이 관찰을 바탕으로 정리해줘.
> - 고유한 강점 3가지
> - 각 강점 뒷받침하는 사례
> - 강점을 더 키울 기회

강점	뒷받침 사례	성장 기회
① 디테일 속에서 본질을 보는 눈	오타·오류 발견 + 회의 때 핵심 발언	콘텐츠 품질 가이드라인 담당, 팀 내 리뷰어 역할
② 자기주도 학습력	AI 스터디 자발적 시작, 아침 집중 시간 확보	신규 툴 파일럿 담당, 팀 내 지식 공유 세션 리드
③ 성과로 증명하는 실행력	블로그 조회수 30% 증가 (12개 콘텐츠)	콘텐츠 전략 기획 참여, 채널 확장 프로젝트

팀장은 AI 답변을 보면서 생각을 정리하며, 어떤 대화를 나눌지 구상한다.

다음 날 면담에서 팀장은 말한다. "이 주임님, 지난 6개월 보면서 느낀 건데요. 이 주임은 디테일을 보면서도 본질을 놓치지 않더라고요. 지난달 콘텐츠 리뷰할 때도…."

구체적인 사례를 들며 이야기한다. 이 주임이 처음으로 편한 표정을 짓는다. "그렇게 봐주시니 감사해요. 사실 저도 제 강점이 뭔지 잘 몰랐거든요."

④ 이것만은 주의하자

이때 AI가 만든 칭찬 메시지를 그대로 보내면 안 된다. 팀원은 느낀다. 이게 진짜 팀장이 한 말인지, 어디서 가져온 건지. 그래서 AI 초안은 반드시 내 목소리로 다듬을 필요가 있다. 평소 내가 쓰는 말투, 내가 관찰한 구체적 순간을 추가한다. "당신 덕분에"라는 한마디가 진심을 전한다.

기회를 줄 때도 일방적으로 던지면 안 된다. AI가 제안한 멘트는 출발점일 뿐이다. 팀원과 대화하면서 조정한다. "이거 해보면 어떨까요?"라고 물어보고, 망설이면 "천천히 생각해도 돼요"라고 여유를 준다. 기회는 선물이지 의무가 아니다.

강점을 이야기할 때는 더욱 신중해야 한다. AI 분석이 아무리 논리적이어도, 사람의 감정은 복잡하다. "당신은 이런 강점이 있어요"라고 일방적으로 말하면 오히려 부담스러울 수 있다. "제가 봤을 때는 이런 점이 인상적이었는데, 어떻게 생각하세요?"처럼 대화로 풀어간다.

인재 육성 영역에서 AI는 팀장이 일상에서 느낀 것을 말로 만들어준다. 칭찬하고 싶은 마음, 기회를 주고 싶은 생각, 강점을 알아본 순간. 하지만 사람을 키우는 건 여전히 사람이 한다. AI는 메시지를 쓸 수 있지만, 그 메시지를 보낼지 말지는 리더가 정한다. AI는 강점을 정리할 수 있지만, 그 강점을 먼저 알아본 건 리더다. 팀원이 기억하는 건 긴 평가서가 아니라, 회의 직후 받은 두 줄짜리 카톡 메시지다.

상사 커뮤니케이션하기

/

보고서를 썼는데 "핵심이 뭐야?"라는 질문만 돌아온다. 회의 때 제안했다가 "좀 더 구체적으로"라는 말에 막히기도 한다. 위로 올라가는 커뮤니케이션은 유독 긴장된다. 같은 내용이라도 상사에게 어떻게 말하느냐에 따라 반응이 달라지기 때문이다. 상사마다 선호하는 커뮤니케이션 스타일이 다른데, 그걸 미리 알고 맞추기란 쉽지 않다.

더 어려운 건 거절당할 것 같은 제안을 해야 할 때다. 예산 증액, 인력 충원, 일정 연장. 필요한 건 분명한데 상사를 설득할 자신이 없다. 말을 꺼내기도 전에 "안 돼"라는 답이 들릴 것 같다. 가장 힘든 건 나쁜 소식을 전해야 할 때다. 프로젝트가 지연됐거나 목표를 달성하지 못했을 때, 어떻게 말을 시작해야 할지 모르겠다.

AI는 이런 상황에서 팀장의 커뮤니케이션을 준비하도록 돕는다. 상사의 스타일에 맞춰 보고서를 조정하고, 예상 질문에 대한 답변을 준비하고, 어려운 대화의 시나리오를 미리 그려볼 수 있다. 중요한 건 AI가 대신 말해주는 게 아니라는 점이다. 리더가 전하려는 내용을 상사가 받아들이기 쉬운 형태로 정리해주는 것이다. 최종 판단과 타이밍은 여전히 리더의 몫이다.

① 초급: 상사 스타일에 맞춰 보고하기

월요일 오전 주간 보고를 해야 한다. 지난주 프로젝트 진행 상황을 정리했는데 A4 두 장이 나왔다. 그런데 상사가 어떤 스타일인지 생각해보니 확신이 서지 않는다. 숫자를 중요하게 보는 스타일인지, 배경 설명을 원하는 스타일인지. 지난해에 "너무 길어"라고 한 적도 있고, "맥락을 모르겠어"라고 한 적도 있다. 챗GPT를 연다.

이번 주 프로젝트 진행 상황 보고서야.

첨부: 보고서 내용

상사 특성
- 자주 하는 말: "핵심이 뭐야?", "숫자로 보여줘"
- 가끔 "배경이 뭐였지?"라고도 물음

2가지 버전으로 만들어줘.
- 버전 A: 숫자 중심, 간결형
- 버전 B: 맥락 포함, 설명형

버전 A: 숫자 중심 (30초 보고용)

항목	현황
진행률	75% (예정 대비 정상)
예산 집행	95% (잔여 500만 원)
이슈	2건 (1건 해결, 1건 진행 중)
다음 주 목표	베타 테스트 완료

버전 B: 맥락 포함 (3분 보고용)

이번 프로젝트는 고객 이탈률 감소를 목표로 시작했습니다.

현재 75% 진행되었고, 핵심 기능 개발은 완료되었습니다. 지난주 발생한 서버 이슈는 IT팀과 협력해 해결했고, UI 피드백 반영 작업이 진행 중입니다. 다음 주 베타 테스트 후 3월 론칭 일정은 예정대로 가능할 것으로 보입니다.

AI는 2가지 버전을 만들어준다. 버전 A는 숫자와 결론 위주로 깔끔하다. "진행률 75%, 예산 95% 집행, 2개 이슈 해결 중" 같은 식으로 팩트만 나열한다. 버전 B는 "이번 프로젝트는 고객 이탈률 감소를 목표로 시작했으며…"처럼 배경을 짚어준다.

팀장은 두 버전을 보면서 판단한다. 지난주 회의 때 상사가 "왜 이걸 하는 거였지?"라고 물었던 게 기억난다. 맥락을 원하는 스타일인 것 같다. 버전 B를 골라서 조금 더 다듬는다. 월요일 아침, 준비한 보고서를 제출한다. 상사가 읽고 고개를 끄덕인다.

"이번엔 이해가 잘 되네."

② 중급: 예산 증액 설득하기

신규 마케팅 도구를 도입하고 싶다. 데이터 분석 자동화 툴인데 연간 2,000만 원이다. 이걸 쓰면 팀원들이 매주 반복하는 리포트 작성 시간을 절반으로 줄일 수 있다. 하지만 상사에게 어떻게 말해야 할까. 지난해에도 비슷한 요청을 했다가 "지금 있는 도구로 해봐"라는 답을 들었다. 이번엔 다르게 접근하고 싶다. 챗GPT를 연다.

우리 팀에 마케팅 데이터 분석 도구 도입을 상사에게 요청하려고 해.
설득력 있는 제안서를 구성해줘.

- 연간 비용: 2,000만 원
- 현재: 팀원 1인당 주 8시간 데이터 정리 (5명 × 8시간 × 4주 = 월 160시간)
- 기대 효과: 50% 시간 절감
- 경쟁사 3곳 이미 사용 중

상사 성향은 보수적이며, ROI 중시하고, "다른 회사는?"이라는 질문을 자주 해.

마케팅 분석 도구 도입 제안

1. 문제 정의
- 현재 월 160시간(연 1,920시간)을 데이터 정리에 소요
- 인건비 환산 시 연간 약 5,760만 원 상당 (시간당 3만 원 기준)

2. 제안: 데이터 분석 자동화 도구 도입 (연 2,000만 원)

3. 기대 효과

항목	내용	도입 후
월 소요 시간	160시간	80시간
연간 절감	-	960시간 (약 2,880만 원)
ROI	-	144%

4. 경쟁사 현황
- A사: 도입 후 캠페인 기획 시간 30% 단축
- B사: 분기 리포트 제작 2주 → 3일
- C사: 데이터 기반 의사결정 속도 2배 향상

5. 리스크 최소화
- 1분기 시범 운영 후 효과 미달 시 계약 해지 가능
- 무료 체험 기간 활용하여 사전 검증 예정

AI가 만들어 준 제안서를 실제 팀 데이터로 교체하고, 문서화한다. 그리고 일주일 후 상사와 면담한다. 준비한 자료를 보여주며 설명한다. 상사가 묻는다.

"다른 부서도 쓸 수 있어?"

예상하지 못한 질문이다. 하지만 침착하게 답한다.

"네, 영업팀도 관심 보였습니다. 함께 쓰면 도입 비용을 나눌 수 있어서 우리 팀 부담은 1,200만 원으로 줄어듭니다."

상사가 고개를 끄덕인다.

"영업팀이랑 얘기해봐. 둘이 나눠서 쓴다면 검토해볼게."

③ 고급: 나쁜 소식 전하기

프로젝트가 예정보다 2주 지연될 것 같다. 협력사 일정 문제와 예상치 못한 기술 이슈가 겹쳤다. 상사에게 보고해야 하는데 어떻게 말을 꺼내야 할까. 그냥 "2주 늦어집니다"라고 하면 "왜 미리 말 안 했어?"라는 질문이 돌아올 게 뻔하다. 챗GPT를 연다.

프로젝트가 2주 지연될 것 같은데, 상사에게 어떻게 보고해야 할지 보고용 스크립트를 작성해줘.

- 원래 4주 → 6주 필요
- 원인: 협력사 일정 변동 + 기술 이슈
- 이미 재협상으로 4주 → 2주로 줄임
- 현재 진행률: 70%

상사 성향: 문제보다 해결책에 관심, "왜 미리 몰랐나?" 자주 질문하는 스타일

보고 스크립트는 아래와 같이 작성해줘.
- 결론 먼저
- 원인 (변명 아니게)
- 우리가 한 노력
- 재발 방지책

[결론] 프로젝트가 당초 일정보다 2주 지연될 예정입니다.

[원인]
- 협력사 납품 일정이 3일 전 갑자기 변경되었습니다
- 동시에 보안 취약점이 발견되어 추가 점검이 필요했습니다

[대응 노력] 원래는 4주 지연이 예상되었으나, 아래 조치로 2주로 단축했습니다.
- 협력사와 재협상하여 1주 단축
- 내부 리소스 집중 투입으로 1주 추가 단축

[향후 계획]
- 고객사에는 오늘 오후 상황 공유 예정
- 남은 일정은 주 2회 체크포인트로 관리

[재발 방지]
- 협력사와 주간 진행 상황 공유 체계 도입
- 기술 리뷰를 프로젝트 초기에 2회로 확대

리스크를 더 일찍 감지했어야 했습니다. 이번 일을 계기로 모니터링을 강화하겠습니다.

AI는 스크립트를 만들어준다. 원인을 설명하되 변명처럼 들리지 않게 팩트만 나열한다. 팀장은 향후 재발 방지 부분을 좀 더 구체화한다. 그리고 한 문장을 추가한다.

"제 판단이 부족했습니다. 리스크를 빨리 감지했어야 했습니다."

책임을 인정하는 것이다.

다음 날 상사와 면담한다. 준비한 스크립트대로 설명한다. 상사가 듣고 있다가 묻는다.

"고객한테는 언제 말할 거야?"

이것도 준비했다.

"오늘 오후 미팅 잡혀 있습니다. 지연 사유와 보완 방안을 함께 전달하겠습니다."

상사가 고개를 끄덕인다.

"다음부턴 리스크가 보이면 바로 말해."

④ 이것만은 주의하자

AI가 만든 보고서나 제안서를 수정하지 않고 그대로 쓰면 상사는 안다. 이게 내가 쓴 건지, 어디서 가져온 건지. 그래서 AI 초안은 반드시 내 경험과 맥락으로 채워야 한다. 우리 조직만의 상황, 상사만의 스타일, 내가 직접 겪은 구체적 사례. 이런 것들이 더해져야 진짜 설득력이 생긴다.

상사 설득은 타이밍이 중요하다. AI가 아무리 좋은 제안서를 만들어줘도, 상사가 바쁠 때나 기분이 안 좋을 때 꺼내면 효과가 없다. 언제 말할지, 어떤 분위기에서 말할지는 리더가 판단해야 한다. 가끔은 공식 회의보다 비공식 대화가 더 효과적일 때도 있다.

나쁜 소식을 전할 때는 더욱 신중해야 한다. AI가 만든 스크립트가 논리적이어도, 실제로 말할 때는 상사의 반응을 보면서 조정해야 한다. 상사가 화를 내면 멈추고 듣는다. 질문이 나오면 차분히 답한다. 준비는 하되 유연하게 대응한다.

상사 커뮤니케이션 영역에서 AI는 팀장의 메시지를 준비하도록 돕는다. 상사 스타일에 맞춰 보고서를 조정하고, 설득력 있는 제안을 구조화하고, 어려운 대화를 시뮬레이션해본다. 하지만 상사와의 관계는 여전히 사람이 만든다. AI는 대본을 쓸 수 있지만, 그 대본을 언제 어떻게 꺼낼지는 리더가 정한다. AI는 논리를 정리할 수 있지만, 상사의 신뢰를 얻는 건 리더의 일관된 태도다. 상사가 기억하는 건 완벽한 보고서가 아니라, 솔직하게 보고하고 책임지는 팀장의 모습이다.

위기 상황에서 팀장을 구하는 프롬프트 10

3개월이 지나 다시 만난 박 팀장은 달라져 있었다. 표정이 한결 밝았고, 말투에는 여유가 묻어났다. 회의록은 이제 AI가 정리하고, 데이터 분석은 30분이면 끝난다고 했다. 정시에 퇴근하는 날이 많아졌고, 주말에도 마음이 훨씬 편해졌단다.

다만 새로운 고민이 생겼다. 익숙한 업무에는 AI를 잘 쓰지만, 처음 맞닥뜨리는 상황에서는 여전히 막막하다는 것이다. 팀원 두 명이 갈등을 빚었을 때, 급하게 채용 면접을 준비해야 할 때, 고객 컴플레인이 터졌을 때. 그럴 때마다 어떤 프롬프트를 써야 할지 헷갈렸다. 다른 팀장들은 이럴 때 어떻게 하고 있을까?

예전에 만났던 팀장 몇 명에게 메시지를 보냈다. 반응은 예상 밖이었다. 비슷한 고민을 하는 사람이 많았다. 정기적으로 모여서 AI

에 대한 고민과 경험을 나누는 스터디에 함께하자는 제안에 여럿이 흔쾌히 동의했다.

첫 모임은 8명으로 시작했다. 업종도 직무도 달랐지만, 공통점이 하나 있었다. 모두 AI를 잘 쓰는 리더가 되고 싶다는 마음이었다. 회를 거듭하면서 한 가지가 분명해졌다. 직무는 달라도 팀장들이 겪는 위기는 비슷하다는 것이었다. 급한 보고서, 팀원 갈등, 채용 판단, 고객 컴플레인, 번아웃 면담. 이런 상황은 누구에게나 찾아온다. 다만 어떻게 대응하느냐가 달랐다.

스터디에서 공유된 사례 중 특히 많은 팀장이 공감했고, 실제로 효과가 입증된 10개를 정리했다. 급한 보고서 작성부터 팀원 갈등 조정, 고객 컴플레인 대응까지, 직무는 달라도 대부분의 리더가 한 번쯤 겪는 순간들이다. 이것은 매뉴얼이라기보다 현장에서 부딪히며 하나씩 찾아낸 방법에 가깝다. 완벽한 정답은 아니지만, 적어도 어디서부터 시작해야 할지는 알 수 있을 것이다.

어떤 것부터 시작해야 할까? 정답은 지금 자신에게 가장 급한 것이다. 당장 내일 아침 보고가 있다면 긴급 위기 대응 시나리오부터 보면 된다. 팀 분위기가 좋지 않다면 팀 관리 시나리오로 가면 된다. 매주 반복되는 일에 지쳤다면 업무 효율화 시나리오부터 시작하면 된다. 10개를 순서대로 다 읽을 필요는 없다. 지금 필요한 것 하나만 골라서 오늘 당장 적용해보자. 다음 표에서 지금 자신의 상황과 가장 가까운 시나리오를 찾아보자.

① 긴급 위기 대응

	시나리오	상황	소요 시간	주요 도구
1	3시간 전 급한 임원 보고	오전에 통보받고 오후 발표, 자료 1시까지	2~3시간	노트북LM + 퍼플렉시티 + 챗GPT
2	급박한 채용 면접 준비	4시간 뒤 중요 후보자 면접, 이력서만 있음	1시간	클라우드 + 퍼플렉시티
3	갑작스러운 팀원 퇴사 통보	핵심 인력이 내일부터 안 나온다고 할 때	30분~1시간	챗GPT or 클로드

② 팀 관리 & 소통

	시나리오	상황	소요 시간	주요 도구
4	성과 평가 코멘트 작성	8명 평가 시즌, 구체적 피드백 필요	4시간 (기존 이틀)	클라우드 or 챗GPT
5	변화 관리: 새 시스템 도입	팀원들의 저항, 한 달 내 전환 필요	4주 단계별	챗GPT or 클라우드
6	팀 빌딩 기획	분기 워크숍 의미 있게 만들기	1~2시간	챗GPT or 제미나이

③ 업무 효율화

	시나리오	상황	소요 시간	주요 도구
7	주간 보고서 자동화	매주 월요일 1시간 소요, 로그 취합	설정 후 10분	노트북LM or 챗GPT
8	회의 운영 효율화	회의가 길고 결론 없음, 시간 배분 필요	준비 15분	챗GPT + 클로바노트 /릴리스에이아이
9	예산 보고서 작성	연말 예산안 승인 필요, 설득 논리	2~3시간	퍼플렉시티 + 챗GPT
10	경쟁사 동향 분석	분기별 경쟁사 모니터링 필요	1~2시간	퍼플렉시티

시나리오 ① | 3시간 전 급한 임원 보고

- **사용 도구:** 노트북LM, 퍼플렉시티, 챗GPT
- **상황:** 월요일 오전 10시, 오후 2시 임원 회의 발표 지시가 떨어졌다. 자료는 회의록 8개, 보고서 5개, 엑셀 시트 3개로 흩어져 있다. 혼자 다 읽고 장표를 만들기엔 물리적으로 불가능한 시간이다.
- **AI 해결 프로세스**

Step 1 **흩어진 자료의 맥락 파악**(노트북LM): 가장 먼저 할 일은 자료를 읽는 시간을 줄이는 것이다. 흩어진 내부 문서를 모두 업로드하여 핵심 수치를 추출한다. 자료 업로드 후, 하단 채팅창에 아래 내용을 입력해보자.

> 3분기 주요 성과를 숫자 중심으로 요약해줘.
> 특히 다음 항목을 표로 정리해줘.
> - 캠페인별 ROI(전분기 대비 증감률 포함)
> - 예산 대비 집행률
> - 목표 대비 달성률

> [3분기 주요 성과]
> 1. 캠페인별 ROI: 여름 프로모션 240%(전분기 대비+15% 상승)
> 2. 예산 집행률: 92%(정상 소진) (중략)

Step 2 **외부 데이터로 논리 보강**(퍼플렉시티): 내부 성과만으로는 설득력이 약하다. 최신 경쟁사 정보를 검색하여 비교 우위를 확보한다.

> 2020년 3분기 경쟁사 A, B의 마케팅 전략과 성과를 검색해줘. 특히 '디지털 마케팅 투자 규모'와 '시장 점유율 변화'를 중심으로 조사하고, 출처와 날짜를 반드시 표기해줘.

> AI
> [경쟁사 동향]
> 경쟁사 A: 숏폼 챌린지로 20대 점유율 5% 상승 추정(출처: ○○경제, 202○.10.15) (중략)

Step 3 **예상 질문 방어 논리 구축**(챗GPT): 임원들은 수치와 예산에 민감하다. 공격받을 지점을 미리 파악한다. 위에서 정리한 우리 성과와 경쟁사 동향을 붙여 넣은 후 입력하자.

> 임원들이 물어볼 가능성이 높은 날카로운 질문 5가지와 이를 방어할 수 있는 답변 초안을 만들어줘.
> 임원 성향: CEO는 숫자와 ROI 중시, CFO는 예산 효율성에 민감함.

> AI
> Q. (CFO) 4분기 예산 증액 근거는?
> A. 3분기 ROI가 240%로 역대 최고입니다. 현재 효율이라면 증액분은 2.4배 매출로 회수 가능합니다. (중략)

- **리더십 인사이트**: 급한 보고일수록 자료 찾기에 시간을 쓰면 안 된다. AI가 자료를 정리하는 동안, 리더는 '무엇을 강조할지' 방향을 고민해야 한다.

시나리오 ② | 급박한 채용 면접 준비

- **사용 도구**: 클로드, 퍼플렉시티
- **상황**: 목요일 오전 11시, CEO가 오후 3시에 시니어 마케터 후보자를 면접 보라고 지시했다. 정보는 이력서 한 장뿐이다.
- **AI 해결 프로세스**

Step 1 **이력서 기반 맞춤 질문 생성**(클로드): 일반론이 아닌 후보자의 경험을 파고드는 질문을 뽑는다. 이력서 내용을 붙여 넣은 후 입력해보자.

> 이 후보자를 '마케팅 팀장'으로 채용하려 해.
> 이력서에 적힌 프로젝트 경험을 검증할 수 있는 날카로운 면접 질문 10개를 만들어줘.
> 단, "장단점이 무엇인가요?" 같은 뻔한 질문은 제외하고, 구체적인 문제 해결 과정을 묻는 행동 기반 질문(BEI) 위주로 작성해줘.

> Q. 예산이 20% 삭감된 상황에서도 목표를 달성했다고 하셨는데, 당시 가장 포기하기 힘들었던 채널은 무엇이었으며 어떤 기준으로 결단하셨나요? (중략)

Step 2 **경력 정보 팩트체크**(퍼플렉시티): 후보자가 주장하는 성과가 사실인지 검증한다.

이력서에 언급된 '2023년 □□ 프로젝트 대상 수상'과 '×× 캠페인 매출 200% 성장'이 사실인지 관련 기사나 보도 자료를 찾아줘.

• **리더십 인사이트**: 리더의 역할은 '누구를 뽑을까'가 아니라 '무엇을 물을까'를 고민하는 것이다. 좋은 질문이 좋은 인재를 가려낸다.

시나리오 ③ | 갑작스러운 핵심 인력 퇴사 통보

• **사용 도구**: 챗GPT, 노트북LM

• **상황**: 핵심 팀원이 이번 주까지만 근무하겠다고 통보했다. 중요 프로젝트가 3개나 되지만 인수인계 계획은 전무하다.

• **AI 해결 프로세스**

Step 1 **대응 프로세스 설계(챗GPT)**: 감정에 휩쓸리지 않고 순서대로 처리하기 위해 프로세스를 먼저 잡는다.

핵심 팀원이 갑자기 퇴사를 통보했어. 진행 중인 프로젝트가 3개인데 인수인계 계획이 없어.
리더로서 남은 3일 동안 어떤 순서로 대응해야 할지, 시간대별 체크리스트를 만들어줘. 우선순위는 '업무 공백 최소화'와 '남은 팀원의 동요 방지'야.

[D-3 긴급 대응 플랜]
1. 퇴사자 면담: 퇴사 사유 확인 및 인수인계 범위 확정(감정적 비난 금지)
리스크 평가: 중단되면 안 되는 최우선 프로젝트 선정 (중략)

Step 2 인수인계 항목 정리(노트북LM): 업무 자료를 분석해 빈틈없는 리스트를 만든다. 최근 주간 보고서와 업무 폴더 목록을 업로드한 후 입력해보자.

> 이 자료들을 바탕으로 퇴사자가 후임자에게 반드시 넘겨줘야 할 '필수 인수인계 리스트'를 작성해줘.
> 항목별로 현재 진행률과 리스크(중요도)를 표시해줘.

- **리더십 인사이트**: AI는 퇴사를 막아주지 못하지만, 리더가 감정보다 프로세스에 집중하게 돕는다. 리더가 침착하게 프로세스를 밟을 때 팀은 안정을 찾는다.

시나리오 ④ | 성과 평가 코멘트 작성

- **사용 도구**: 클로드 또는 챗GPT
- **상황**: 연말 평가 시즌이다. 팀원 8명에게 피드백을 줘야 하는데, "성실함" "수고했음" 같은 뻔한 말 말고 각자의 강점을 살린 구체적인 코멘트를 쓰고 싶다. 기억에 의존해 쓰려니 막막하고 시간이 너무 오래 걸린다.
- **AI 해결 프로세스**

Step 1 관찰 기록 구조화: 평소 메모해둔 파편적인 관찰 내용을 입력해 논리적인 구조로 만든다. 팀원에 대한 메모나 성과 데이터를 붙여 넣은 후 프롬프트를 입력하자.

이 팀원(3년 차 마케터)의 지난 1년 관찰 기록이야.
- 블로그 콘텐츠 12개 작성(조회수 30% 상승)
- 회의 때 말은 없지만 핵심을 찌르는 질문을 함
- 오타나 오류를 잘 잡아냄

이 내용을 바탕으로 이 사람만의 '고유한 강점' 3가지를 키워드로 뽑고, 각 강점을 뒷받침하는 평가 코멘트 초안을 작성해줘.

[강점 키워드]
1. 본질을 꿰뚫는 통찰력: 회의 중 핵심 질문으로 논의의 질을 높임
2. 디테일 장악력: 무결점 콘텐츠로 팀의 신뢰도 제고
3. 데이터 기반 성과 창출: 조회수 30% 상승으로 역량 증명 (중략)

Step 2 **격려와 성장을 위한 톤앤매너 수정:** 평가문은 차가운 분석이 아니라 따뜻한 격려여야 한다.

위 내용을 바탕으로 500자 내외의 종합 평가 코멘트를 작성해줘.
단, 딱딱한 보고서 말투가 아니라, 팀장의 애정이 느껴지는 정중하고 따뜻한 톤으로 수정해줘.
"당신 덕분에 우리 팀이 성장했다"라는 메시지가 잘 드러나야 해.

○○님은 단순히 꼼꼼한 것을 넘어 '디테일에서 본질을 보는 눈'을 가졌습니다. 특히 지난번 회의에서 던진 질문 하나가 우리 프로젝트의 방향을 바로잡는 데 큰 역할을 했습니다. (중략)

- **리더십 인사이트:** AI는 팩트를 정리해주지만, 진심은 리더가 불어넣어야 한다. AI가 쓴 초안에 "특히 그날 그 회의에서…"처럼 리더

만 기억하는 구체적인 장면 하나를 더하면 완벽한 피드백이 된다.

시나리오 ⑤ | 변화 관리: 새 시스템 도입

- **사용 도구**: 챗GPT
- **상황**: 회사에서 새로운 협업 툴(예: 슬랙, 지라) 도입을 결정했다. 팀원들은 "지금 카톡도 편한데 왜 바꿔야 하냐"라며 저항감이 심하다. 한 달 안에 팀 전체를 온보딩해야 한다.
- **AI 해결 프로세스**

Step 1 **단계별 변화 관리 계획 수립**: 무작정 쓰라고 강요하면 실패한다. 변화 관리 모델(ADKAR)을 활용해 체계적으로 접근한다.

> 우리 팀(10명)에 새로운 업무 관리 툴을 도입해야 하는데 저항이 심해. '변화 관리의 ADKAR 모델'을 적용해서, 도입 1주 차부터 4주 차까지의 단계별 실행 계획을 짜줘.
> 목표는 4주 뒤 전원이 툴을 능숙하게 쓰는 거야.

> [1주 차: Awareness(인식)] 현재 방식의 비효율성(자료 유실 등) 공유 및 공감대 형성
> [2주 차: Desire(욕구)] 얼리 어댑터 1명을 선정해 성공 사례 만들기(Pilot)
> [3주 차: Knowledge (지식)] 점심시간을 활용한 미니 실습 진행 (중략)

Step 2 **설득 메시지 개발**: "회사가 시켰어"가 아니라 "너한테 이게 좋아"라고 설득해야 한다.

팀원들을 설득할 때 쓸 메시지를 만들려고 해.
"회사를 위해 써야 한다"는 말 말고, 실무자 입장에서 "이 툴을 쓰면 내 야근이 줄어들고 내 업무가 편해진다(What's In It For Me)"는 점을 강조한 설득 멘트 3가지를 제안해줘.

1. "자료 찾느라 카톡방 뒤지는 시간 하루 30분, 이거면 아낄 수 있어요."
2. "휴가 갔을 때 업무 전화 안 받고 싶으시죠? 이 툴 상태 설정 하나면 해결됩니다." (중략)

- **리더십 인사이트**: 변화 관리는 논리가 아니라 '이득'으로 설득해야 한다. AI가 찾아준 '개인적 이득'을 커피 타임에 넌지시 이야기하는 것이 전체 회의 공지보다 강력하다.

시나리오 ⑥ | 팀 빌딩 기획

- **사용 도구**: 챗GPT 또는 제미나이
- **상황**: 분기 워크숍을 가야 한다. MZ세대 팀원들은 술 마시는 회식을 싫어하고, 개발자와 디자이너 위주라 활동적인 액티비티도 부담스러워한다. "그래도 단합은 해야지"라는 숙제를 의미 있게 풀어야 한다.
- **AI 해결 프로세스**

Step 1 성향 맞춤형 프로그램 아이디어 도출: 팀의 성향을 구체적으로 입력해 실패 없는 프로그램을 찾는다.

우리 팀은 내향적인 성향의 개발자와 디자이너 6명으로 구성되어 있어.
억지로 몸을 쓰거나 술을 마시는 회식 말고, 서로의 강점을 발견할 수 있는 '조용하지만 깊이 있는' 2시간짜리 실내 워크숍 프로그램 3가지를 제안해줘.
준비물과 진행 방법도 포함해줘.

추천 1: '나의 사용설명서' 공유회(서로의 업무 스타일과 선호하는 소통 방식 공유)
추천 2: '강점 카드' 게임(동료의 강점을 찾아 카드로 선물하기) (중략)

Step 2 상세 타임테이블 작성: 어색한 공백이 생기지 않도록 진행 순서를 촘촘하게 짠다.

'나의 사용설명서' 공유회를 메인으로 해서 2시간짜리 워크숍 큐시트(타임테이블)를 짜줘.
오프닝(아이스 브레이킹)부터 작성 시간, 발표 및 피드백, 마무리까지 시간 배분을 해줘.

[나의 사용설명서 공유회 - 2시간 워크숍 타임테이블]
1. 오프닝 & 아이스브레이킹 (15분)
• 0:00~0:05 | 팀장 인사 및 워크숍 목적 안내
• 0:05~0:15 | 아이스브레이킹: '최근에 산 물건 중 가장 만족한 것' 한 마디씩 소개 (1인 1분)
2. 나의 사용설명서 작성 (30분)
• 0:15~0:20 | 템플릿 배포 및 작성 방법 설명
• 0:20~0:50 | 개인 작업 시간 (집중할 수 있는 BGM 재생)
- 나의 업무 스타일, 선호하는 소통 방식, 에너지 충전법 등 작성 (중략)

- **리더십 인사이트**: 좋은 팀 빌딩은 억지로 친해지게 하는 것이 아니라 '서로를 알게 하는 것'이다. AI가 제안한 구조화된 프로그램은 내향적인 팀원들에게도 심리적 안전감을 준다.

시나리오 ⑦ | 주간 보고서 자동화

- **사용 도구**: 챗GPT
- **상황**: 매주 월요일 아침, 팀장은 팀원들이 보낸 카톡, 이메일, 슬랙 메시지를 취합해 주간 보고서를 쓰느라 1시간을 허비한다. 단순 취합 업무를 자동화하고 전략적인 고민에 시간을 쓰고 싶다.
- **AI 해결 프로세스**

Step 1 **보고서 템플릿 학습**: 매번 형식을 다시 잡지 않도록 AI에게 우리 팀 양식을 학습시킨다.

> 앞으로 내가 매주 업무 내용을 줄 텐데, 아래 양식에 맞춰서 정리해줘.
> [양식]
> 1. 금주 주요 성과(핵심 3가지)
> 2. 진행 중인 프로젝트 현황(진행률 포함)
> 3. 이슈 및 리스크(해결 방안 포함)
> 4. 차주 계획

Step 2 **로(raw) 데이터 변환**: 팀원들이 보낸 날것의 텍스트를 붙여 넣어 완성본을 만든다. 팀원들이 보낸 메신저나 이메일 내용을 그대로 긁어 붙여 넣은 후 입력해보자.

첨부: 팀원들의 주간 업무 보고

위 내용을 바탕으로 학습된 양식에 맞춰 '10월 4주 차 주간 보고서'를 작성해줘. 문장은 '음슴체'로 간결하게 다듬어줘.

[10월 4주 차 주간 보고]

1. 금주 주요 성과
   - A 프로젝트 베타 오픈 완료(일정 준수)
   - 신규 고객사 2곳 미팅 성사 (중략)

- **리더십 인사이트**: 반복되는 행정 업무는 AI에게 루틴으로 맡겨라. 리더는 '취합'하는 사람이 아니라, 취합된 정보를 보고 '다음 방향을 가리키는' 사람이어야 한다.

시나리오 ⑧ | 회의 운영 효율화

- **사용 도구**: 챗GPT, AI 녹음/요약 툴(클로바노트, 릴리스에이아이 등)
- **상황**: 매주 진행되는 주간 회의가 1시간을 넘기기 일쑤고, 회의가 끝난 뒤 "그래서 결론이 뭐지?"라며 서로 딴소리를 한다. 회의록 정리하는 데만 30분을 쓴다. 회의 시간을 줄이고 실행력을 높이고 싶다.
- **AI 해결 프로세스**

Step 1 **회의 녹음 및 텍스트 변환(AI 녹음 툴)**: 회의 시작 전 "오늘 회의는 AI로 기록합니다"라고 공지하고 녹음 툴을 켠다. 회의가 끝나면 전체 스크립트가 생성된다.

Step 2 **핵심 요약 및 액션 아이템 추출**(챗GPT): 받아 적은 스크립트 전체를 챗GPT에 넣고 구조화한다.

첨부: 회의 녹음 스크립트 전체

위 회의 내용을 바탕으로 다음 3가지를 정리해줘.
1. 핵심 결정사항(3줄 요약)
2. 액션 아이템(담당자, 할 일, 마감 기한 명시)
3. 다음 회의 안건

AI

[액션 아이템]
- 김 대리: 경쟁사 가격 조사표 작성(마감: 11/15, 금)
- 이 과장: 3분기 마케팅 예산안 수정 후 공유(마감: 11/13, 수) (중략)

Step 3 **회의 퍼실리테이션 코칭**(챗GPT): 회의가 늘어지는 진짜 원인을 찾고 개선한다.

우리 팀 회의가 자꾸 길어져. 스크립트를 분석해서 불필요하게 시간을 끈 주제가 무엇인지, 다음 회의부터는 어떻게 진행하면 30분 안에 끝낼 수 있을지 '퍼실리테이터' 관점에서 조언해줘.

AI

[분석] '신규 툴 도입' 건에서 의사결정권자 부재로 20분간 맴도는 대화가 이어졌습니다.
[조언] 다음부터는 의사결정 안건과 정보 공유 안건을 분리하고, 결정이 필요한 안건은 사전에 자료를 배포하세요. (중략)

- **리더십 인사이트**: 회의의 목적은 '말하기'가 아니라 '결정하기'다. AI에게 기록을 맡기면 리더는 대화의 흐름을 잡고 결론을 맺는 데 집중할 수 있다. 또한 회의 진행을 분석해 개선할 수 있다.

시나리오 ⑨ | 예산 보고서 작성

- **사용 도구**: 퍼플렉시티, 챗GPT
- **상황**: 연말 내년도 예산안을 승인받아야 한다. 지난해보다 마케팅 예산을 20% 증액하고 싶은데, "요즘 경기도 안 좋은데 줄여야지"라는 상사의 반대가 예상된다. 막연한 감정 호소가 아닌 데이터 기반의 설득 논리가 필요하다.
- **AI 해결 프로세스**

Step 1 외부 근거 데이터 확보(퍼플렉시티): 우리만 늘리는 게 아니라 시장의 흐름이라는 것을 증명한다.

> 202○년 IT 업계의 디지털 마케팅 예산 트렌드를 검색해줘.
> 특히 경기 침체기에도 마케팅 투자를 늘려 시장 점유율을 확대한 기업 사례 3가지와 구체적인 성과 수치를 찾아줘. 출처도 함께 명시해줘.

> [사례 1] A사는 불황기에 경쟁사들이 광고비를 줄일 때 오히려 30% 증액하여 시장 점유율 1위 탈환(출처: XX비즈니스리뷰, 2024)
> [트렌드] 단순 노출 광고는 줄지만, CRM 및 리텐션 마케팅 예산은 평균 15% 증가 추세 (중략)

Step 2 **논리적 제안서 구성(챗GPT):** 확보한 데이터를 바탕으로 상사가 거절하기 힘든 제안서를 쓴다.

> 나는 마케팅 팀장이고, 내년 예산 20% 증액을 설득해야 해.
> 상사는 '비용 절감'을 최우선으로 생각하는 CFO 출신이야.
> 퍼플렉시티에서 찾은 자료를 근거로, "지금 예산을 늘리는 것이 결과적으로 비용을 아끼는 길(고효율)"이라는 논리의 기획안 목차와 핵심 메시지를 잡아줘.

> [핵심 메시지] "지금의 20% 증액은 비용이 아니라 '고객 획득 비용(CAC)'을 낮추기 위한 필수 투자입니다."
>
> 1. 현황: 경쟁사의 투자 축소는 우리에게 기회
> 2. 전략: 신규 유입보다 '재구매 유도(CRM)'에 예산 집중(효율 2배)
> 3. 예상 ROI: 예산 1억 원 투입 시 매출 3억 원 기대(ROI 300%) (중략)

- **리더십 인사이트:** 예산 확보는 목소리 크기가 아니라 논리 싸움이다. AI를 통해 외부 데이터를 무기로 삼고, 상사의 언어(ROI, 효율)로 번역해서 제안하라.

시나리오 ⑩ 경쟁사 동향 분석

- **사용 도구:** 퍼플렉시티, 챗GPT
- **상황:** 분기마다 경쟁사 동향 보고서를 써야 하는데, 뉴스 검색하고 홈페이지 들어가 보는 데만 반나절이 걸린다. 단순 검색 노동을 줄이고 인사이트 도출에 시간을 쓰고 싶다.

• **AI 해결 프로세스**

Step 1 **실시간 정보 수집 및 요약**(퍼플렉시티): 검색부터 정리까지 한 번에 끝낸다.

> 이번 주 [경쟁사 A, B]와 관련된 주요 뉴스, 신제품 출시, 고객 리뷰 이슈를 정리해줘.
> 특히 우리가 놓치면 안 될 '특이한 움직임(시그널)'이 있다면 별도로 강조해줘.

> [경쟁사 A]
> - 신제품: 구독형 서비스 출시 예고 기사(11/10)
> - 시그널: 최근 채용 공고에 'B2B 영업 경력직'이 대거 포함됨. B2C에서 B2B로 사업 확장 가능성 높음. (중략)

Step 2 **대응 전략 브레인스토밍**(챗GPT): 알아낸 정보를 상황에 맞는 전략으로 바꾼다.

> 경쟁사 A가 B2B 시장으로 진출하려는 움직임이 포착됐어.
> 우리는 이미 B2B 시장 점유율 1위야.
> 우리의 1위 자리를 지키기 위해 선제적으로 취해야 할 '방어 전략'과 경쟁사의 진입을 어렵게 만들 '진입 장벽 강화 방안'을 제안해줘.

> [방어 전략]
> 기존 고객 대상 '장기 계약 할인 프로모션'을 진행해 Lock-in 효과 강화
> [진입 장벽]
> 우리만의 '성공 사례집'을 배포해 경쟁사의 레퍼런스 부족 부각 (중략)

- **리더십 인사이트:** 정보는 널려 있다. 리더의 능력은 정보를 찾는 게 아니라, 정보 속에서 '시그널'을 읽어내는 것이다. AI가 가져온 뉴스 한 줄에서 경쟁사의 전략 변화를 읽어내는 눈을 길러야 한다.

단순한 도구에서 나만의 전략 파트너까지

그동안 꾸준히 서로 다른 산업군에서 일하는 수백여 명의 리더를 지켜봤다. 그들이 AI를 도입하고 활용 역량을 키워가는 과정에서 한 가지 흥미로운 점을 알게 됐다. 업종도 다르고 직무도 달랐지만, AI 역량이 성장하는 경로에는 뚜렷한 패턴이 있다는 것이었다.

처음 AI를 접한 리더들은 대부분 비슷한 순서를 밟아갔다. 초반에는 단순한 요약 작업부터 시작하는 경우가 많았다. 회의록 정리, 보고서 요약, 이메일 초안 작성 같은 일들이었다. 한 달쯤 지나자 명령이 구체화되기 시작했고, 반복되는 업무를 AI에게 맡기는 패턴이 생겼다. 두 달이 되면 여러 도구를 조합해서 쓰기 시작했고, 세 달 후에는 의사결정을 위한 전략 도구로까지 활용 범위를 넓혀갔다.

이 과정은 마치 외국어를 학습하는 것과 비슷했다. 처음에는 단어를 외우고, 그다음에는 문장을 만들고, 마지막에는 자유롭게 대화하는 것처럼. AI 활용도 그랬다. 단순 명령에서 시작해 맥락을 제공하게 되고, 결국에는 전략적 사고를 확장하는 도구로 자리 잡았다. 단계를 건너뛰려는 리더는 대부분 중도에 포기했고, 순서를 지켜 차근차근 밟아간 리더는 결국 AI를 일상의 도구로 만들어갔다.

이렇게 성장한 리더들의 경로를 살펴보니 크게 세 단계로 나눌 수 있었다. 레벨 1은 도구 단계다. AI를 처음 접하고 두려움을 극복하며 기본적인 활용법을 익혀가는 시기다. 레벨 2는 파트너 단계다. 단순 명령이 아니라 맥락을 주고 피드백을 주고받으며 협업하는 법을 배워간다. 레벨 3은 전략 단계다. 의사결정을 지원하고 여러 도구를 함께 쓰며 팀 전체로 확산해 나간다.

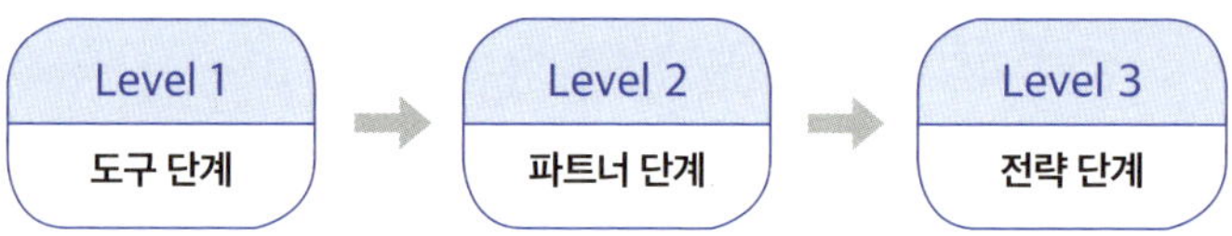

각 단계는 대략 한 달씩 걸렸지만 개인 차가 컸다. 컴퓨터에 익숙한 리더는 두 달 만에 레벨 3에 도달하기도 했고, 디지털 도구를 처음 접하는 리더는 넉 달이 걸리기도 했다. 중요한 건 속도가 아니라 방향이었다. 올바른 방향으로 천천히 가는 리더가 빠르게 달리다 길을 잃은 리더보다 결국 더 멀리 갔다.

다음은 이 패턴을 가장 전형적으로 보여준 사례를 중심으로 정리한 내용이다. 지금 나의 단계를 점검하고 로드맵을 그려보자.

레벨 1:
AI를 낯선 기술이 아닌
업무 도구로 활용하기
/

관찰한 리더들 중에는 시작이 유난히 늦은 사람이 있었다. 마케팅팀을 이끄는 그는 컴퓨터 활용에 익숙하지 않았고, AI라는 단어 자체에 거부감을 보였다. 이미 할 일도 많은데 새로운 걸 배워야 하나 싶었고, 나이 들어서 배우기는 늦은 거 아닌가 하는 생각도 들었던 것 같다. 팀원들한테 물어보기도 민망했다. 하지만 나는 끈질기게 권했다. 그냥 한 번만 해보라고. 회의록 하나만 맡겨보라고.

한 시간짜리 회의록을 복사해서 챗GPT에 붙여 넣었다. 3줄로 요약해달라고 입력했다. 10초가 지나자 핵심만 추린 요약이 화면에 떴다. 예상보다 훨씬 간단했다. 복잡한 설정도, 특별한 학습도 필요 없었다. 그냥 붙여 넣고 물으면 됐다. 그때 그의 표정을 나는 잊지 못한다. 놀라움과 안도가 섞인 얼굴이었다.

다음 날은 경쟁사 보고서를 요약했다. 그다음 날은 팀 공지 사항 초안을 맡겼다. 질문이 애매하면 AI가 되물었고, 다시 설명하면 그만이었다.

일주일이 지나자 그의 일상에 변화가 생겼다. 매일 아침 출근하면 자연스럽게 AI를 켰다. 더 이상 어색하지 않았다. 이메일 쓰듯, 검색하듯 AI와 대화하는 게 일과의 일부가 됐다.

그걸 보면서 나는 깨달았다. 시작 단계에서 중요한 건 기술적 완성도가 아니라는 것을. 심리적 장벽을 허무는 경험이다. 작은 성공 하나가 두려움을 없애고 다음 시도를 가능하게 만든다. 완벽한 프롬프트를 만들려고 애쓸 필요가 없다. 일단 시작하면 된다.

초반 몇 주가 지나면 리더들의 얼굴이 달라진다. 처음의 불안함이 사라지고 뭔가 재미를 찾은 표정으로 바뀌는 순간이 온다. 내가 보기에 그 순간은 AI가 명령받는 도구에서 대화하는 상대로 바뀌는 지점이다. 질문 방식도 달라진다. 처음에는 단순했다.

'요약해줘', '정리해줘', '써줘'.

이제는 분량과 형식과 톤을 지정하기 시작한다.

'5줄로 요약해줘', '숫자 중심으로 정리해줘', '상사 보고용 톤으로 써줘'.

명령이 구체적일수록 원하는 결과가 나올 확률이 높다는 걸 몸으로 배워가는 과정이다.

그 마케팅팀 리더도 비슷한 변화를 겪었다. 처음 AI에게 회의록 요약을 맡겼을 때 결과는 너무 길었다. 좀 더 짧게 해달라고 했더니 이번엔 또 애매했다. 몇 번의 시행착오 끝에 자기만의 패턴을 찾아냈다. 요약할 때는 분량을 먼저 말한다. 3줄로, 200자 이내로. 작성할 때는 톤을 먼저 지정한다. 친근하게, 격식 있게. 형식이 중요하면 불릿 포인트, 표 형식 등을 덧붙인다. 같은 회의록이라도 어떻게 물어보느냐에 따라 결과의 질이 완전히 달라졌다.

이 과정을 옆에서 지켜보며 깨달은 게 있다. AI와 잘 대화하는 건 결국 내가 원하는 게 무엇인지 명확히 아는 것이다. 도구가 문제가 아니라 질문하는 사람의 명료함이 문제였다. AI는 내 머릿속을 읽어주지 않는다. 정확히 무엇을 원하는지 말해줘야 한다. 그게 AI와 잘 대화하는 첫걸음이다.

한 달쯤 지나면 리더들은 자신의 업무 패턴을 알아차리기 시작한다. 매주 월요일 아침 주간 보고서, 매달 초 경쟁사 모니터링, 매주 금요일 회의록 정리. 반복되는 일들이 눈에 들어온다. 놀라운 건 이런 업무들이 대부분 형식이 정해져 있다는 것이었다. 형식이 정해져 있다는 건 똑같은 틀로 만들 수 있다는 뜻이다.

한 리더는 주간 보고서 작성에 매주 1시간을 썼다. 지난주 실적을 정리하고, 이슈를 요약하고, 다음 주 계획을 세우는 일이었다. 숫자와 문장을 모아서 정해진 양식에 채워 넣는 작업. 어느 주 월요일, 보고서 양식을 챗GPT에게 한 번 학습시켰다. 앞으로 데이터를 주면 이 형식으로 정리해달라고 했다. 그다음 주부터는 지난주 데이터만 입력하면 됐다. AI가 같은 형식으로 보고서를 만들어줬다. 15분이면 끝났다.

다른 리더들도 각자의 반복 업무를 찾아 AI에게 맡겼다. 회의록 정리, 일정 조율 메일, 팀원 피드백 초안. 이런 일들은 창의성이 필요하지 않다. 정해진 절차를 따르면 된다. AI가 가장 잘하는 영역이다. 시간이 지나자 관찰한 리더들의 모습이 확연히 달라져 있었다.

평균적으로 자신의 업무 중 30%를 AI에게 맡기고 있었다. 아직 완벽하지는 않았다. 가끔 이상한 결과가 나오기도 했고, 손으로 수정해야 할 부분도 있었다. 하지만 확실히 시간이 생겼다. 중요한 건 그 시간을 어디에 쓰느냐였다. 대부분은 팀원들과 더 많이 대화했다.

한 가지 재미있는 현상이 있었다. 혼자 쓰기에는 효과가 너무 좋아서 팀원들에게 공유하고 싶어지는 순간이 온다는 것이다. 리더들은 주저했다. 팀원들이 어떻게 받아들일지 걱정됐다. AI 쓰면 게으른 거 아니냐는 반응이 나올까 봐, 팀장만 편하려고 한다는 오해를 살까 봐 조심스러웠다.

그 마케팅팀 리더는 팀 막내부터 시작했다. 회의록 요약하는 질문을 보여줬다. 처음에는 의아해하던 팀원도 직접 해보고 나서는 놀라워했다. 30분 걸리던 일이 5분 만에 끝났다. 그 팀원이 먼저 다른 팀원들한테도 알려달라고 했다.

며칠 후 팀 채널에 공유했다. 회의록 이렇게 정리하니까 엄청 빠르다는 메시지와 함께. 관심 있으면 써보라고. 강요하지 않았다. 그냥 방법을 나눴을 뿐이다. 반응은 긍정적이었다. 팀원 5명 중 2명이 추가로 시작했다. 한 명은 익숙한 방식이 더 편하다고 했고, 그것도 존중됐다.

팀원 중 한 명이라도 같이 써볼까 하는 사람이 생기면 그때가 이 단계를 넘어선 신호였다. 도구를 추천해달라는 질문도 많이 받았다. 챗GPT나 클로드, 제미나이 정도면 시작하기에 충분했다. 중요한 건 어떤 도구냐가 아니라 매일 한 번씩이라도 써보는 습관이다.

완벽한 프롬프트를 만들려고 애쓰지 말고 일단 시작하는 게 전부다.

레벨 1에서 깨달은 점은 AI는 특별한 기술이 아니라는 것이다. 한글이나 워드를 배우듯, 엑셀을 배우듯 익숙해지면 자연스러워지는 도구일 뿐이다. 이 도구는 시간을 만들어준다는 점에서 조금 특별했다. 그리고 그 시간이 결국 리더의 본질적인 일, 판단하고 소통하고 키우는 일로 돌아갈 수 있게 해준다는 점에서.

레벨 2: AI를 단순 도구가 아닌 협업 파트너로 활용하기

/

레벨 2에서는 흥미로운 변화가 시작됐다. 먼저 리더들이 AI에게 던지는 질문의 길이가 길어졌다. 처음에는 한 줄이면 충분했다. '이 보고서 요약해줘, 이 데이터 정리해줘.' 이제는 배경을 설명하기 시작했다. '우리 회사는 이런 회사고, 우리 팀은 이런 목표를 가지고 있고, 이 작업이 필요한 이유는 이거다.' 배경이 들어가니 AI의 답변이 달라졌다. 범용 답변이 아니라 우리 상황에 맞는 구체적 제안이 나왔다.

한 리더의 프롬프트 변화를 비교해보면 명확하다. 초기에는 이 보고서를 요약해달라고만 했다. 레벨 2 단계에서는 이렇게 바뀌었다. '우리는 식음료 회사이고 타깃은 2030 직장인이다. 첨부한 경쟁사 보고서를 읽고 우리가 배울 점 3가지와 즉시 적용 가능한 액션 2가지를 정리해달라.' 같은 AI, 같은 보고서였지만 결과물은 완전히 달랐다. 첫 번째는 보고서 내용을 줄인 것에 불과했다. 두 번째는 우리 회사 관점에서 실제로 쓸 수 있는 아이디어를 찾아냈다. A사가 2030 타깃으로 온라인 전용 상품을 출시해 30% 성장했으니 우리도 온라인 전용 라인을 검토해야 한다는 식의 답변. 이런 대답은 배경 설명이 없으면 나올 수 없다. AI를 명령받는 도구가 아니라 함께 생각하는 파트너로 대하기 시작한 것이다. 이거 해줘가 아니라 상황이 이런데 어떻게 하면 좋을까로 질문이 바뀌었다.

보면서 나는 배경 설명을 잘하는 리더들에게 공통점이 있다는 걸 알게 됐다. 그들은 프롬프트를 세 부분으로 나눴다. 첫째, 우리는 누구인가. 회사와 팀과 목표를 말한다. 둘째, 지금 상황은 어떤가. 배경과 제약 조건 등이다. 셋째, 무엇이 필요한가. 산출물과 형식과 톤이다. 이 3가지가 명확하면 AI는 맞춤형 답변을 줄 수 있었다.

한 리더에게서 흥미로운 장면을 목격했다. AI가 만든 기획안이 마음에 들지 않았던 모양이다. 예전 같았으면 역시 AI는 이 정도밖에 안 되는구나 하고 직접 고쳤을 것이다.

이번에는 다시 물었다.

'이 기획안에서 우리 고객 설정이 약한 것 같다.'

'2030 직장인의 실제 라이프스타일을 반영해서 다시 써달라.'

AI가 수정본을 냈다. 더 구체적이었다. 여전히 부족했다. 세 번째 질문을 던졌다. 좋긴 한데 너무 이상적이다, 현실에서 2030은 시간이 없고 예산도 빡빡하다, 그 제약을 반영해서 다시 한번 써달라. 네 번째 답변이 나왔을 때 그는 비로소 만족했다. 현실적이고 실행 가능한 기획안이었다.

이 과정을 옆에서 지켜보며 깨달은 게 있다. AI는 한 번에 완벽한 결과를 주는 마법사가 아니다. 여러 번 대화하며 함께 완성해가는 팀원이자 파트너다. 그리고 그 대화의 질이 결과의 질을 결정한다. 이 단계 리더들은 평균 3~4번의 왕복 대화를 통해 결과물을 다듬었다. 첫 답변이 80% 수준이면 피드백을 주고받으며 95%까지 끌어올렸다. 마지막 5%는 여전히 리더의 판단이 필요했다. 내가 보기에 그 5%가 바로 리더의 가치다.

레벨 2의 또다른 특징은 단일 작업이 아니라 연속된 작업 흐름을 AI로 처리하기 시작한다는 점이다. 하나의 업무를 여러 단계로 쪼개고 단계마다 적합한 AI 도구를 배치한다. 그리고 그 흐름을 반복해서 쓸 수 있게 만든다. 예를 들어 한 리더가 선택한 업무는 월간 경쟁사 모니터링 보고서였다. 매달 말 경쟁사 3곳의 소셜 미디어와 뉴스와 IR 자료를 모아서 보고서를 만드는 일. 보통 한나절이 걸렸다. 그는 이 작업을 5단계로 나눴다.

먼저 최신 정보를 검색했다. 링크와 함께 자료가 모였다. 그 자료들을 한곳에 모아 세 회사의 공통 트렌드를 물었다. AI로 개별 정보가 패턴으로 정리됐다. 정리된 내용을 다시 넣고 우리 회사가 주목할 점을 물었다. 우리 상황에 맞는 시사점이 나왔다. 그 핵심 내용을 임원 보고용 10장짜리 슬라이드로 만들어달라고 했다. 초안이 자동으로 나왔다. 최종 검토는 본인이 직접 했다. 숫자를 재확인하고 우리 회사 상황을 추가하고 결론 문구를 손수 작성했다.

첫 시도 때 4시간이 걸렸다. 예전의 8시간에 비하면 절반이었다. 두 번째는 2시간, 세 번째부터는 1시간이면 충분했다. 일의 흐름이 익숙해지니 속도가 붙었다.

놀라운 건 시간 단축보다 다른 것이었다. 이제 이 보고서가 하루 업무가 아니라 오전 업무가 됐다는 것. 오후는 다른 일에 쓸 수 있었다. 전략을 짜거나 팀원을 만나거나 고객을 만나는 일. 그 순간 그는 리더가 아니라, 다시 배우는 사람이었다.

또한 팀에도 눈에 띄는 변화가 있었다. 처음 혼자 쓰던 AI를 이제는 팀원 5명 중 4명이 썼다. 각자 방식은 달랐다. 누군가는 회의록 정리에, 누군가는 카피 작성에, 누군가는 데이터 분석에 썼다. 리더는 강요하지 않았다. 다만 환경을 만들었다.

먼저 팀 가이드라인을 만들었다. 간단했다. AI 사용은 권장하지만 강제하지 않는다. 중요한 결정은 AI 초안을 만든 후 팀장 검토를 필수로 한다. AI 실패 사례는 숨기지 말고 공유한다. 매주 금요일 오후 30분은 AI 타임으로 운영한다. 각자 이번 주에 AI로 뭘 했는지, 뭐가 잘 됐는지, 뭐가 안 됐는지 가볍게 나눴다. 성공담보다 실패담이 더 유익했다. AI한테 이메일 쓰라고 했는데 너무 공손해서 오히려 이상했다는 이야기에 모두 공감하며 웃었다. 실패를 숨기지 않으니 시도하는 사람이 늘었다.

이 단계가 끝날 무렵 그 리더는 상사에게 보고했다. 팀의 반복 업무 시간이 30% 줄었고 그 시간에 고객 인터뷰를 2배로 늘렸으며 신규 캠페인 기획에 투입했다고. 상사가 물었다. 어떻게 한 거냐고. AI라고 답했다. 그 대답에 담긴 의미를 상사가 이해했는지는 모르겠다. 하지만 결과는 명확했다. 같은 시간에 더 많은 가치를 만들어 냈다는 것.

레벨 2 단계에서 리더들의 모습은 확연히 달라져 있었다. 배경을 담아 질문하는 게 자연스러워졌고, 한 업무를 처음부터 끝까지 AI와 함께 흐름으로 만들 수 있게 됐다. 여러 도구를 조합해서 쓰기 시작했고, 팀원 절반 이상이 이미 각자의 방식으로 AI를 쓰고 있었다. 회의 녹음이 자동으로 정리됐고, 흩어진 문서들이 한눈에 분석됐고, 필요한 최신 정보가 찾아졌다. 팀 작업 공간에서 바로 AI와 대화했고, 프레젠테이션 초안이 몇 분 만에 만들어졌다. 핵심은 AI를 명령의 대상이 아니라 대화 상대로 대한다는 것이었다. 첫 결과가 부족하면 고쳐달라고 하고, 상황을 설명하고 의견을 주면서 함께 다듬어갔다. 자신에게 딱 맞는 AI 팀원을 만드는 데 성공한 것이다.

레벨 3: AI를 전략적 의사결정 도구로 활용하기

/

레벨 3에서는 리더들의 AI 활용 방식이 완전히 바뀌었다. 더 이상 단순 작업이 아닌 전략을 세우고 의사결정을 지원하고 조직 전체로 확산하는 도구로 쓰기 시작했다. 놀라운 건 레벨 3 단계에 이르면 AI가 보이지 않게 된다는 것이었다. 도구가 아니라 일하는 방식 자체가 됐기 때문이다. 리더의 판단만 선명해지는 단계였다.

한 리더가 신규 캠페인 기획안을 검토하고 있었다. 예산은 5,000만 원. A안은 인플루언서 협업, B안은 자체 콘텐츠 제작. 둘 다 장단점이 있어서 결정하기 어려웠다. 예전 같았으면 팀 회의를 열어 의견을 모았을 것이다. 하지만 이번에는 먼저 AI에게 물었다. 단, 방식이 달랐다.

당신은 3명의 전문가라고 전제했다. 전문가 1은 마케팅 임원으로, 장기적 브랜드 가치를 중시하고 메시지 일관성과 브랜드 이미지를 우선순위로 둔다. 전문가 2는 재무 담당 임원으로, 투자 대비 수익을 중시하며 측정 가능성과 비용 대비 전환율을 따진다. 전문가 3은 우리 고객인 2030 직장인으로 진정성을 중시하고 광고 피로도가 높으며 공감 가는 콘텐츠를 선호한다. A안과 B안에 대해 각자 어떤 반응을 보일까. 각자의 우려 사항은 무엇이고 설득하려면 어떤 근거가 필요할까.

AI는 세 사람의 관점에서 답했다. 마케팅 임원은 인플루언서의 이미지가 브랜드에 맞는지 걱정했고, 재무 담당 임원은 자체 콘텐츠의 초기 투자 회수 기간을 물었고, 우리 고객은 인플루언서 광고가 너무 뻔하다고 했다. 관점마다 예상 질문과 우려가 구체적으로 나왔다.

이렇게 미리 생각해본 내용을 들고 실제 팀 회의를 열었다. 예상 질문에 대한 답변이 준비되어 있으니 회의는 훨씬 생산적이었다. 결국 B안이 선택됐고 그 근거는 AI가 미리 살펴본 우리 고객의 관점이었다.

그 모습을 보며 깨달은 게 있다. AI가 의사결정을 대신하는 게 아니라 의사결정에 필요한 다양한 관점을 미리 검토하게 해준다는 것이다. 결국 판단은 리더가 했다. 전보다 더 짧은 시간 안에 더 많은 각도에서 생각해본 후에.

이 단계에서 한 리더는 자신만의 AI 비서를 만들었다. 챗GPT의 우리 회사 전용 AI 기능을 활용한 것이다. 이름은 마케팅 전략 파트너. 우리 회사의 모든 정보를 학습시켰다. 회사 소개서, 브랜드 가이드라인, 지난 2년간 캠페인 결과, 우리 고객 설명 자료, 경쟁사 분석 자료. 이제 질문하면 범용 답변이 아니라 우리 회사 상황에 맞는 답변이 나왔다. 신제품 출시 마케팅을 기획해달라고 하면 우리 브랜드 톤에 맞는 메시지, 우리 고객이 반응할 채널, 우리 예산으로 가능한 방법을 제안했다.

흥미로운 건 팀원들도 이 AI를 쓸 수 있다는 것이었다. 신입사원도 이 AI와 대화하면 자연스럽게 우리 회사의 일하는 방식을 배울 수 있었다. 이런 상황에서 우리 회사는 보통 어떻게 하냐고 물으면 과거 사례 기반으로 답변이 나왔다. 우리 회사 전용 AI는 일종의 조직 지식 저장소이자 신입 교육 도구가 됐다.

이 장면을 보며 알게 되었다. 이건 단순한 도구 활용을 넘어서는 지점이라는 것을. 말로만 알던 회사의 일하는 방식을 글로 남겨 누구나 배울 수 있게 만드는 일이었다.

레벨 3이 된 한 리더의 업무 흐름은 완전히 바뀌어 있었다. 예를 들어 월요일 아침 루틴을 보면 이랬다.

오전 9시, 지난주 금요일 회의 녹음이 자동으로 글로 바뀌어 있었다. 그걸 보내서 3줄 요약과 해야 할 일 목록을 뽑았다. 결과를 팀 작업 공간에 올리면 관련된 팀원들에게 자동으로 알림이 갔다.

오전 9시 30분, 주말 동안의 업계 뉴스를 검색했다. 검색 결과와 우리 팀 주간 계획을 함께 올려서 이번 주 우선순위를 물었다. 외부 상황과 내부 계획을 고려한 우선순위 목록이 나왔다.

오전 10시, 우선순위 기반으로 팀 주간 회의 안건을 작성했다. 안건별 예상 논의 포인트를 정리했다. 회의 발표 자료 초안도 몇 분 만에 만들어졌다.

과거에는 월요일 아침 준비에 2시간이 넘게 걸렸다. 이제는 40분이면 모든 준비가 끝난다. 그것도 더 체계적이고 완성도 높게.

중요한 건 속도가 아니라 질이었다. AI가 반복 작업을 처리하는 동안 이 리더는 전략적 판단에 집중할 수 있었다. 어느 고객을 만날지, 어떤 방향으로 갈지, 팀원의 어떤 고민을 들어줄지. 리더가 진짜 해야 하는 일들이다.

석 달이 지나고 한 리더는 전사 AI 워크숍에서 발표를 했다. 제목은 마케팅팀의 AI 도입 석 달의 여정. 40명의 다른 리더들이 참석했다. 솔직하게 시작했다. 처음에는 반신반의했다고. AI가 또 유행처럼 지나갈 거라고 생각했다고. 하지만 석 달 동안 써보니 달라졌다고.

화면에 '비포(Before)/애프터(After)' 비교 슬라이드가 나왔다. 처음은 주당 반복 업무 20시간, 팀원 1:1 면담 월 1회, 신규 기획 시간 주당 5시간, 팀 평균 퇴근 오후 8시였다. 지금은 주당 반복 업무 12시간, 팀원 1:1 면담 주 1회, 신규 기획 시간 주당 10시간, 팀 평균 퇴근 오후 7시가 됐다. 하지만 중요한 건 시간 절약이 아니라고 말했다. 줄어든 8시간에 뭘 하느냐가 중요하다고. 우리는 그 시간에 고객을 더 만났고 팀원과 더 대화했고 더 많이 생각했다고.

발표 후 질문이 쏟아졌다. 어떻게 시작하느냐, 팀원들이 거부하면 어떻게 하느냐, 실패하면 어떡하느냐. 그 리더는 지난 세 달간 배운 것을 나눴다. 작게 시작하라고, 완벽하지 않아도 된다고, 실패를 공유하라고. 마지막으로 덧붙인 말이 인상적이었다. AI 고수가 되는 게 목표가 아니라고. AI를 쓰면서도 여전히 사람을 보는 리더가 되는 게 목표라고.

워크숍이 끝나고 복도에서 그를 다시 만났다. 세 달 전 처음 봤을 때가 떠올랐다. 그때는 늦은 밤 사무실에 혼자 남아 보고서를 쓰고 있었다. 지친 얼굴로 할 일은 끝이 없고 팀원들은 먼저 퇴근하고 주말에도 일 생각에 잠을 못 잔다고 했었다.

지금 그는 달랐다. 팀원들 얼굴을 더 자주 본다고 했다. 회의록 정리하느라 고개 숙이고 있던 시간에 이제는 팀원의 눈을 보며 이야기를 듣는다고. 막내가 요즘 무슨 고민을 하는지 알게 됐고, 3년 차가 어떤 커리어를 원하는지 들었고, 5년 차가 번아웃 직전이라는 걸 알아챘다고. 그래서 각자에게 필요한 걸 줄 수 있었다고.

그게 가장 좋다고 했다. 팀장이 된 이유가 그거였다고. 사람을 키우고 싶어서. 근데 막상 팀장이 되고 나니 서류만 쓰고 있더라고. 이제야 팀장다운 일을 하는 것 같다고.

복도 끝에서 그의 팀원들이 기다리고 있었다. 저녁 약속이 있다고 했다. 팀 회식이냐고 물었더니 아니라고 했다. 그냥 같이 밥 먹고 싶어서 모인 거라고. 억지로 잡은 자리가 아니라 자연스럽게 만들어진 자리라고. 그런 게 생겼다는 게 신기하다고 했다.

그가 팀원들에게 걸어가는 뒷모습을 보면서 생각했다. AI가 바꾼 건 업무 방식만이 아니었다. 리더의 하루를, 리더의 마음을, 그리고 팀의 관계를 바꿨다. 도구 하나가 이렇게까지 바꿀 수 있다는 게 신기했다. 아니, 정확히는 도구가 바꾼 게 아니었다. 리더가 본질로 돌아갈 수 있게 해준 것이었다.

석 달 전 그에게 말했었다. AI를 시작해보라고, 작은 것부터 하나씩 해보라고. 그때 그는 반신반의했다. 바쁜데 새로운 걸 배울 시간이 어디 있냐고 했다. 지금 그를 보면 답이 나온다. 시간이 없어서 못 하는 게 아니라, 하지 않아서 시간이 없는 것이었다.

복도를 걸으며 다른 리더들의 얼굴이 떠올랐다. 여전히 늦은 밤까지 남아 있는 사람들. 주말에도 일하는 사람들. 팀원과 대화할 시간이 없다고 말하는 사람들. 그들에게도 이 이야기가 닿기를 바랐다. 시작은 작아도 괜찮다고. 완벽하지 않아도 괜찮다고. 일단 시작하면 된다고. 그리고 석 달 후에는 지금 이 리더처럼, 팀원들과 저녁을 먹으러 가는 자신을 발견하게 될 거라고.

시작하기 전 기억할 3가지
/

이 로드맵은 정답이 아니다. 누군가는 한 달 만에 레벨 2에 도달할 수도 있고, 누군가는 석 달이 걸릴 수도 있다. 중요한 건 속도가 아니라 방향이다. 시작하기 전, 3가지만 기억하면 된다.

첫째, 완벽하지 않아도 된다. 첫 질문은 어색할 것이고, 첫 결과는 만족스럽지 않을 것이다. 괜찮다. 처음 운전할 때도 그랬고, 처음 발표할 때도 그랬다. 하다 보면 는다. 실패를 두려워하지 말고, 실패에서 배우면 된다.

둘째, 혼자 하지 않아도 된다. 팀원 한 명이라도 함께 시작하면 훨씬 쉽다. 실패담을 나누고, 성공 사례를 공유하고, 서로 배운다. 혼자 고민하지 말고, 옆 사람에게 물어보자. AI를 쓰는 리더는 생각보다 많고, 대부분 기꺼이 자신의 경험을 나눈다.

셋째, 목적을 잊지 말자. AI를 쓰는 이유는 효율이 아니다. 효율은 수단이다. 진짜 목적은 리더가 해야 할 일, 즉 판단하고 연결하고 키우는 일에 집중하기 위해서다. AI가 시간을 벌어주면, 그 시간을 사람에게 쓰자. 팀원과 더 대화하고, 고객을 더 만나고, 전략을 더 깊이 생각하자.

석 달 후, 당신의 팀은 어떻게 달라져 있을까. 정답은 없다. 하지만 한 가지는 확신할 수 있다. 지금 시작하지 않으면, 석 달 후에도 지금과 똑같을 것이라는 것.

월요일 아침, 출근해서 AI와 첫 대화를 시작해보자. 완벽한 질문을 준비할 필요는 없다. 그냥 "안녕, 오늘 나 좀 도와줄래?"라고 물으면 된다. 그게 당신 여정의 시작이다.

4장

AI로 팀 시스템을 업그레이드하라

AI를 쓰는 팀원,
어떻게 피드백할 것인가

"팀장님, 이거 AI가 작성한 겁니다."

어느 날 오후, 김 대리가 제출한 교육 기획안을 검토하던 중 들려온 이 한마디가 나를 갑작스런 침묵에 빠뜨렸다.

교육 대상자 분석의 허술함, 예산 계산의 오류, 전략적 방향성 부재 등 명백한 문제점들이 눈에 들어왔지만, 'AI가 작성했다'는 그 짧은 고백 앞에서 그동안 쌓아온 평가 기준이 한순간에 흔들리는 것을 느꼈다. 이것은 김 대리의 실수인가, 아니면 AI라는 도구를 제대로 활용하지 못한 무능함인가? 혹은 우리가 지금까지 당연하게 여겨왔던 '노력'과 '성과'의 정의 자체를 다시 써야 하는 시대적 전환점에 서 있는 것은 아닌가?

AI를 쓰면 열심히 일하지 않은 걸까?

/

그날 밤 침대에 누워 습관적으로 스마트폰을 들었다가 흥미로운 기사 제목을 발견했다.

'경영진 95%, 현재 성과평가 시스템에 불만족.'

딜로이트(Deloitte)가 최근 발표한 조사 결과였다. 95%라는 압도적인 불만족의 수치는 단순한 통계를 넘어, 산업혁명 이후 형성된 노동과 평가 방식이 더 이상 유효하지 않다는 신호였다. AI의 등장은 이미 균열이 시작된 기존 시스템에 가해진 결정적 타격이었고, 우리는 원하든 원치 않든 새로운 평가와 피드백의 문법을 만들어내야 하는 상황에 직면해 있었다.

다음 날, 김 대리를 다시 불러 차분히 물었다.

"AI에게 어떤 방식으로 지시했어요?"

김 대리가 노트북 화면을 돌려 보여준 챗GPT 대화창에는 "신입사원 온보딩 교육 기획안 작성해줘"라는 단 한 줄의 문장만이 덩그러니 놓여 있었다. 그 순간 문제의 본질이 선명하게 드러났다. AI라는 도구의 한계가 아니라, 도구를 다루는 방식의 미숙함이 진짜 문제였던 것이다.

"김 대리님! 만약 저에게 이렇게만 지시했다면 어떤 결과가 나왔을까요?"

내 질문에 김 대리의 얼굴에 깨달음의 빛이 스쳐 지나갔다. 우리는 그날부터 같은 AI, 같은 과제를 가지고 전혀 다른 접근법을 시도해보기로 했다. 김 대리는 기존처럼 단순한 명령문을, 나는 우리 회사의 특수성, 교육 대상자의 특성, 예산 제약, 기대 효과 등 충분한 맥락과 세부 요구사항을 담아 프롬프트를 작성했다.

예상했던 대로 나온 결과물의 차이는 명백했다. 김 대리가 두 번째 시도부터는 내 방식대로 했더니 결과물이 처음보다 질적으로 월등히 향상되었고, 비로소 김 대리도 인정했다.

"AI 탓이 아니었네요. 제가 AI와 소통하는 법을 몰랐던 거였어요."

이 사건을 계기로 팀 전체의 AI 활용 현황을 파악하기 시작했을 때, 의외의 사실을 알게 되었다. 8명의 팀원 중 6명이 이미 일상적으로 AI를 업무에 활용하고 있었지만, 그 누구도 이 사실을 공개적으로 언급하지 않았다는 것이다. 박 과장이 털어놓은 고백은 우리 조직문화의 모순을 날카롭게 지적했다.

"AI를 쓰면 열심히 일하지 않는다고 생각하실까 봐 숨겼습니다."

2026년이라는 시점에도 우리는 여전히 '투입 시간=노력=성과'라는 20세기 산업 시대의 공식에 갇혀, 효율성과 창의성이라는 새로운 가치를 제대로 인정하지 못하고 있었던 것이다.

직원 평가 기준이 바뀌었다

/

포토샵으로 유명한 소프트웨어 회사인 어도비에서는 2012년에 연간 성과평가를 통째로 없애 버렸다고 한다. 대신 체크인(Check-in) 제도를 만들어서 수시로 피드백을 주고받게 했다. 그랬더니 직원들이 회사를 떠나는 비율이 30%나 줄고, 일의 효율은 14% 올라갔다고 한다.

이는 10년도 더 된 일이지만 지금 우리 조직의 상황과 겹쳐 보였다. 그때는 관리자의 직감과 경험에 의존했다면, 지금 우리에겐 AI라는 도구가 있으니까. 문제는 이 도구를 어떻게 쓰느냐였다. 아무리 좋은 망치가 있어도 못질을 할 줄 모르면 소용없는 것처럼.

다음 달 월례 평가 시기에 맞춰 의미 있는 비교 관찰을 진행했다. '하반기 교육 프로그램 로드맵 작성'이라는 동일한 과제를 두 명의 직원에게 부여했는데, A 직원은 전통적인 방식으로 혼자서 작업하게 하고, B 직원은 AI를 적극 활용하여 작업하도록 했다.

일주일 후 제출된 결과물은 평가에 대한 근본적인 생각의 변화가 왜 필요한지를 확실히 보여주었다. A 직원은 엑셀과 파워포인트를 활용해 3일 밤을 새워가며 50페이지에 달하는 방대한 자료를 만들어냈다. 반면 B 직원은 AI와의 협업을 통해 단 3시간 만에 30페이지의 자료를 완성했다.

표면적으로는 A 직원의 노력과 헌신이 더 크게 보였지만, 내용을 깊이 들여다보니 전혀 다른 이야기가 펼쳐졌다. A 직원의 자료는 지난해 자료를 상당 부분 복사하여 날짜만 변경한 흔적이 뚜렷했고, 새로운 통찰이나 혁신적 제안은 찾아보기 어려웠다.

반면에 B 직원의 자료에는 최신 교육 트렌드에 대한 심층 분석, 5개 경쟁사에 대한 체계적인 벤치마킹, 우리 조직의 특수성을 반영한 맞춤형 전략이 담겨 있었다. 무엇보다 인상적이었던 것은 B 직원이 AI 덕분에 절약한 시간을 활용해 실제 교육 현장을 방문하고, 교육 담당자들과 심층 인터뷰를 진행하여 현장의 생생한 목소리를 보고서에 담아냈다는 점이었다.

이러한 사례는 세계경제포럼(WEF)이 발표한 「일자리의 미래」 보고서의 예측과 정확히 일치했다. 2027년까지 현존하는 업무 스킬의 25%가 완전히 새로운 것으로 대체되고, 8,300만 개의 일자리가 사라지는 동시에 6,900만 개의 새로운 일자리가 창출될 것이라는 전망이다.

이는 우리가 '무엇을 아느냐'에서 '무엇을 할 수 있느냐'로 평가의 축을 이동시켜야 함을 명확히 보여주었다. 이에 따라 우리 팀은 전통적인 '직무 기반 평가'에서 '스킬 기반 평가'로의 전환을 본격화했다. AI 활용 능력을 중요한 스킬 중 하나로 인정하되, 그것이 전부가 아님을 명확히 했다.

AI가 직원 피드백을 도와준다면

/

지난여름, 컨설팅 프로젝트로 방문했던 K전자 마케팅팀 사례가 떠올랐다. 그들은 매주 월요일 오전 9시 '성과 리뷰 미팅'이라는 걸 했는데, 팀장이 금요일 오후 내내 12명의 팀원 보고서를 읽고 피드백을 준비한다고 했다.

매주 금요일 오후 3시부터 6시까지는 거의 그 일에만 매달렸다는 거다. 한 대리가 씁쓸하게 말했던 게 기억난다.

"어차피 '수고했습니다, 다음엔 더 잘해봅시다' 아닌가요? 지난해랑 똑같은 피드백을 올해도 받았어요."

그 팀장도 알고 있었다, 12명 각자에게 의미 있는 피드백을 매주 준다는 게 현실적으로 불가능하다는 걸.

그런데 최근 다시 만난 K전자 팀장의 이야기가 흥미로웠다. 딜로이트 보고서에서 AI 도입 기업들이 평가 업무 시간을 50% 줄였다는 걸 보고 반신반의하며 시도해봤다는 거다. 12명의 주간 보고서를 챗GPT에 넣고 '각자의 핵심 성과 3개와 개선점 2개를 뽑아달라'고 했더니 40분 만에 전원 피드백이 나왔다고 한다.

"처음엔 이걸 그대로 쓸까 했는데, 그건 아니더라고요. AI가 지난해에 김 대리가 비슷한 실수를 했다는 걸 어떻게 알겠어요? 하지만 신기한 건, 제가 놓친 걸 AI가 먼저 찾아냈어요. 이 과장이 매출은 낮은데 신규 고객 발굴은 1등이었다는 걸 AI가 먼저 발견했어요."

K전자 팀장은 더 흥미로운 이야기를 들려줬다. AI로 시간을 아낀 건 시작에 불과했다는 거다.

"금요일 오후마다 피드백 쓰느라 정신없었는데, 이제는 그 시간에 팀원들과 1:1 면담을 해요. 한 명당 20분씩이라도 실제로 만나서 얘기하니까 완전히 달라지더라고요."

그는 AI가 찾아낸 데이터를 들고 팀원과 대화를 시작한다고 했다.

"이 과장님, AI 분석 보니까 신규 고객 발굴에서 팀 내 1등이던데, 비결이 뭐예요?"

이런 식으로 물으면 팀원들이 훨씬 편하게 자기 이야기를 꺼낸다는 것이다.

실제로 그 팀의 분위기가 6개월 만에 완전히 바뀌었다고 한다. 예전엔 월요일 아침이 우울했는데, 이제는 팀원들이 먼저 "팀장님, 이번 주 제 데이터 어떻게 나왔어요?"라고 묻는다는 거다. AI가 분석한 객관적 데이터가 있으니 피드백도 감정적이지 않고 팩트 중심이 됐다. 한 직원은 "예전엔 팀장님이 저를 싫어하는 줄 알았는데, 알고 보니 제 성과가 정말 안 좋았던 거더라고요"라며 웃었다고 한다.

K전자 팀장이 특히 강조한 건 AI의 '톤 조정' 능력이었다.

"같은 지적이라도 사람마다 받아들이는 게 다르잖아요. 신입한테는 격려가 필요하고, 경력직한테는 도전이 필요하고."

그는 AI에게 피드백 대상의 경력과 최근 상황을 알려주고 톤을 조정해달라고 한다고 했다.

그가 들려준 실제 사례가 인상적이었다. 근태가 좋지 않은 한 직원이 3일 연속 지각을 했는데, 처음엔 "또 지각이네요, 주의하세요"라고 쓸 뻔했다가 AI에게 다시 써달라고 했더니, "연속 출근 지연이 확인되었는데, 혹시 출퇴근 과정에 어려움이 있으신지 궁금합니다. 필요하시면 시차 출퇴근제 검토도 가능합니다"라는 결과물이 나왔다. 이를 참고해 팀원과 대화하니, 최근 영어 학원에 등록해서 다녀오느라 늦었다고 한다. 결국 그 직원은 시차 출퇴근을 하면서 문제를 해결했다.

K전자에서 가장 큰 변화는 분기별 동료 평가였다고 한다. 예전엔 익명으로 받은 수십 개의 피드백을 팀장이 일일이 읽고 정리하느라 일주일이나 걸렸는데, 이제 AI가 2시간 만에 핵심을 뽑아낸다고 한다.

"김 과장에 대한 동료 평가 15개를 분석한 결과: 공통 강점은 책임감과 꼼꼼함, 개선 희망 사항은 회의 시 의견 표현 적극성."

이런 식으로 깔끔하게 정리가 된단다. 더 놀라운 건, AI가 상반된 의견도 찾아낸다는 점이다. "A팀은 김 과장의 보고서가 너무 길다고 했는데, B팀은 상세해서 좋다고 평가했습니다"라는 식이다.

K전자 팀의 변화는 숫자로도 증명됐다. AI 도입 6개월 후 직원 만족도가 23% 올랐고, 이직률은 절반으로 줄었다고 한다. 딜로이트(Deloitte)가 발표한 'AI 기반 성과 관리 시스템 도입 기업의 직원 만족도가 25% 향상'이라는 연구 결과와 거의 일치하는 수치였다. K전자 팀장은 웃으며 말했다.

"AI 덕분에 진짜 중요한 일을 할 수 있는 여유가 생겼고, 그 시간은 사람 마음을 얻는 데 쓰고 있습니다."

〈포춘〉 500대 기업 중 한 곳에서 일하는 동료가 최근 들려준 이야기도 있다. 그들은 AI를 활용해 성과평가 행정 시간을 30% 줄였는데, 정작 중요한 건 그다음이었다. 절약된 시간을 관리자들이 직원들과 대면 상담하는 데 쓰기 시작하면서 직원 전체 성과가 15% 올라갔다는 것이다. 숫자를 정리하는 시간이 줄어든 만큼 사람과 대화하는 시간이 늘어난 셈이다.

그 회사 영업팀에서는 CRM(고객관계관리) 시스템과 AI를 연동해 매일 오후 5시에 각 영업사원에게 그날의 활동을 분석한 피드백을 보냈다. 한 영업사원이 받은 메시지를 보여줬는데 이런 내용이었다.

"오늘 7건의 고객 미팅 중 오후 3시 김 대표님과의 미팅에서 제품 설명 시간이 평소보다 길었지만, 계약 성사 가능성은 오히려 커졌습니다. 기술적 설명에 시간을 투자한 것이 효과적이었네요."

AI가 미팅 시간, 대화 패턴, 후속 조치 속도 등을 분석해서 이런 인사이트를 찾아낸 거였다.

미국 MIT 연구팀이 발표한 내용을 보면, 생성형 AI를 활용한 작문 작업에서 수행 시간이 37% 줄어들었다고 한다. 그런데 더 눈에 띄는 건 하위 성과자들의 개선 폭이 상위 성과자보다 훨씬 컸다는 점이다. 보스턴컨설팅그룹(BCG) 연구에서도 마찬가지였다. AI 활용 시 업무 품질이 평균 40% 올라갔는데, 그중에서도 기초 업무를 담당하는 직원들의 성과 향상이 가장 두드러졌다.

실시간 피드백이 가진 진짜 힘은 바로 타이밍에 있다. 어떤 연구에서는 피드백을 받은 후 48시간 이내에 행동을 바꿀 때 학습 효과가 가장 크다고 한다. AI는 이 타이밍을 놓치지 않는다.

오후 5시에 받은 그날의 피드백을 보고, 다음 날 아침 출근하자마자 개선된 방법을 시도할 수 있다. 한 달이 지나서 "지난달에 잘했어요"라고 듣는 것과는 완전히 다른 차원의 학습이 일어난다.

그러나 모든 피드백을 AI에 위임할 수는 없다. 특히 민감한 인사 문제나 중요한 경력 개발 상담에서는 여전히 인간 리더의 경험과 직관, 공감 능력이 필수적이다.

몇 개월간의 시행착오를 통해 정립한 우리만의 피드백 원칙은 다음과 같다. AI를 효과적으로 활용한 직원에 대해서는 단순히 'AI를 잘 사용했다'가 아니라 'AI를 활용하여 어떤 구체적 가치를 창출했는지'를 명확히 짚어준다. AI를 맹신하여 실수한 경우에는 단호하게 지적하되, 이를 학습과 성장의 기회로 전환한다. AI 활용을 거부하는 직원에게는 강요보다는 자연스러운 경험의 기회를 제공하여 스스로 가치를 발견하도록 유도한다.

AI 시대의 새로운 인재 평가 기준

/

이런 사례들을 종합해보면, AI 시대의 평가 기준은 결국 3가지로 압축된다.

① AI 활용의 효과성: '단순히 AI를 썼느냐'가 아니라 '얼마나 가치 있는 결과를 만들어냈느냐'를 본다.

② AI 한계의 보완: AI가 놓친 맥락이나 조직 특수성을 얼마나 잘 채웠는지를 평가한다.

③ 절약 시간의 재투자: AI로 아낀 시간을 더 창의적인 일에 썼는지, 그냥 일찍 퇴근했는지를 구분한다.

한 HR 전문가는 이렇게 정리했다.

"AI는 시간을 만들어주는 도구일 뿐, 그 시간으로 무엇을 하느냐가 진짜 역량이다."

이러한 새로운 평가 기준의 도입은 예상치 못한 결과를 가져왔다. 평소 조용하고 눈에 띄지 않던 직원들이 AI를 활용하여 놀라운 성과를 창출하기 시작했고, 반대로 말과 정치력으로 존재감을 과시하던 직원들의 실질적 기여도가 명확히 드러났다. AI는 능력의 민주화를 가져오는 동시에, 진정한 역량과 가치 창출 능력을 더욱 선명하게 구분해주는 역할을 했다.

결국 AI 시대에도 변하지 않는 핵심 가치가 있다. 그것은 바로 '책임감'이다. AI가 아무리 정교하고 강력해져도, 최종적인 의사결정과 그에 따른 책임은 전적으로 인간의 영역이다.

"AI가 그렇게 제안했습니다"는 결코 변명이 될 수 없다. 오히려 "제가 AI를 제대로 활용하지 못했습니다"라는 성찰이 올바른 태도다. 이러한 책임 의식을 가진 직원이야말로 진정한 AI 시대의 인재이며, 미래 조직의 핵심 구성원이 될 것이다.

AI와 함께 일하는 방식은 계속 진화할 것이다. 하지만 한 가지는 분명하다. AI를 두려워하거나 거부하는 대신, 현명하게 활용하면서도 인간의 고유 가치를 지켜가는 사람이 앞으로의 조직을 이끌어갈 리더가 될 것이다.

여러 기업이 이미 그 변화를 시작했다. 당신의 조직은 어떤가? 아직도 피드백 작성하느라 금요일 오후를 다 보내고 있는가, 아니면 팀원과 커피 한잔 마시며 진짜 대화를 나누고 있는가?

AI를 개인 스킬에서 팀 시스템으로

AI를 팀에 도입한 뒤 가장 흔하게 생기는 착각이 하나 있다. 방법을 배웠으니 이제 자연스럽게 잘 쓰게 될 거라는 기대다. 팀장은 교육을 시키거나 도구를 소개하고 나면 마음이 놓인다. 이제 팀원들이 알아서 잘 쓸 거라고 생각한다. 실제로 처음 며칠간은 그런 것처럼 보인다. 팀원들이 챗GPT를 열어두고 이것저것 물어본다. 회의록을 AI에 넣어 요약하고, 보고서 초안을 만들어본다. 팀장은 "잘되고 있네" 하고 안심한다.

문제는 2주쯤 지나면서 드러난다. 어느 순간 팀원들이 다시 예전 방식으로 돌아가 있다. AI 없이 손으로 회의록을 정리하고, 빈 문서를 앞에 두고 한참을 고민하며 보고서를 쓴다. 팀장이 물어본다.

"요즘 AI 안 써요?"

팀원들은 애매하게 웃으며 대답한다. "바빠서 깜빡했어요." 혹은 "이번 건은 AI로 하기엔 좀 복잡해서요." 처음의 열기는 사라지고, AI는 가끔 생각날 때만 쓰는 도구가 된다. 팀에 변화가 일어난 것처럼 보였지만, 실상은 달라진 게 거의 없다.

이 현상은 도구 자체의 문제가 아니다. 팀원들이 게으르거나 변화를 거부해서도 아니다. 단지 새로운 방식이 팀의 일상에 제대로 뿌리내리지 못했을 뿐이다. 도구를 배우는 것과 그 도구를 매일 쓰는 것 사이에는 생각보다 큰 간극이 있다. 전자는 하루면 충분하지만, 후자는 구조가 필요하다. 팀이 정말 달라지려면 능숙함보다 습관이 먼저 만들어져야 한다. 한두 번 AI를 잘 쓴 사례가 아니라, 작은 행동이 반복되는 꾸준한 리듬이 팀을 바꾼다.

AI를 일상에 녹인다는 말은 기술적인 문제가 아니라 환경 설계의 문제에 가깝다. 팀의 일정과 회의와 업무 흐름 안에 AI를 쓰는 순간을 미리 정해두는 것이다. 월요일 오전엔 지난주 요약을, 금요일 오후엔 회고를 AI와 함께 한다. 보고서를 쓸 땐 항상 AI 초안부터 시작한다. 이런 규칙이 자리 잡으면 팀원들은 'AI를 써야지' 하고 따로 결심하지 않아도 된다. 그냥 월요일이 되면 지난주 요약본이 올라오고, 금요일이 되면 회고 질문이 떨어진다. 일하는 리듬 속에 AI가 녹아 있는 것이다.

잘 쓰는 팀과 그렇지 않은 팀의 차이는 여기서 갈린다. 필요할 때 찾아서 쓰는 팀은 결국 쓰지 않게 된다. 바쁠 때는 익숙한 방식이 더 편하기 때문이다. 반면에 정해진 순간에 자동으로 AI를 불러내는 팀은 쓰지 않는 게 오히려 어색하다. 월요일에 요약본이 안 올라오면 팀원들이 먼저 물어본다.

"이번 주 요약본 아직 안 나왔어요?"

이 지점에서 AI는 선택이 아니라 팀의 일하는 방식 자체가 된다. 루틴이 만들어지고, 기록이 쌓이고, 질문하는 방식이 달라지면서 팀은 조금씩 변한다. 그 변화가 몇 달 지속되면 문화가 된다.

팀의 일정에 AI 루틴 만들기

AI 활용이 오래가는 팀과 금방 사라지는 팀의 차이는 능력이 아니라 리듬에 있다. AI를 필요한 순간에만 꺼내 쓰는 팀은 시간이 지나면 다시 예전으로 돌아간다. 바쁜 날이 계속되면 AI 쓰는 걸 까먹는다. 한번 건너뛰면 다음번에도 건너뛰기 쉽다.

반면에 정해진 순간에 자동으로 AI를 쓰는 팀은 다르다. 팀원들은 'AI를 써야지' 하고 따로 생각하지 않는다. 그냥 월요일에는 AI 요약본을 확인하고, 금요일에는 AI 질문에 따라 회고를 쓴다. 이게 팀의 리듬이 된다.

리듬을 만드는 건 생각보다 단순하다. 특별한 프로젝트나 긴 교육이 필요하지 않다. 팀이 이미 하고 있는 일 사이에 AI를 살짝 끼워 넣기만 하면 된다. 월요일 오전을 예로 들어보자. 팀 회의가 시작되기 전 10분에서 15분 정도, 팀원들은 각자 지난주에 했던 일을 머릿속에서 정리한다. 노트를 뒤적이고, 사내 문서를 열어보고, 메신저 대화를 훑어본다. 기억을 되살리는 데만 시간이 간다. 회의가 시작되면 팀장이 먼저 묻는다.

"지난주에 뭐 했죠?"

팀원들이 하나씩 이야기한다. 누군가는 빠뜨리고, 누군가는 중요한 것과 사소한 것을 섞어서 말한다. 회의 시작 30분이 이렇게 흐른다.

이 과정을 바꾸는 건 어렵지 않다. 금요일 오후, 팀장이 AI에게 한번 요청한다. 팀 채팅방에 올라온 대화를 기준으로 이번 주에 무슨 일이 있었는지 정리해달라고 한다. 5분이면 요약본이 나온다. 팀장은 그걸 한번 훑어보고 빠진 게 있으면 보완한다. 월요일 아침, 회의 시작 전에 그 요약본을 팀 채널에 올린다. 팀원들은 출근해서 커피 한잔 마시면서 그걸 읽는다. 회의가 시작되면 팀장이 묻는다.

"다들 요약본 봤죠? 빠진 거 있어요?"

누군가 하나 추가하고, 팀은 바로 이번 주 이야기로 넘어간다. 지난주 리뷰하는 데 30분 걸리던 게 5분으로 줄어든다.

금요일 오후의 루틴도 비슷하게 만들 수 있다. 팀이 회고를 어려워하는 이유는 시간이 없어서가 아니다. 무슨 말을 해야 할지 막연해서다. 팀장이 "이번 주 어땠어요?" 하고 물으면 팀원들은 어색하게 웃는다. 구체적으로 뭐가 잘됐는지, 뭐가 아쉬웠는지 떠올리기 어렵다.

AI가 던지는 질문 게시글 하나면 분위기가 달라진다.

"지난 일주일 동안 가장 잘된 일 하나와 다음 주를 위해 바꾸고 싶은 점 하나를 예시와 함께 나눠주세요."

질문이 구체적이니까 답하기가 쉽다. 누군가 먼저 쓴다.

"이번 주 가장 잘된 건 고객 A사 컨펌 받은 거요. 바꾸고 싶은 건 회의 시간 줄이는 거요."

다른 팀원도 댓글을 단다.

"회의가 길어진 건 어젠다가 명확하지 않아서였던 것 같아요."

이런 대화가 5분 정도 이어지면 AI는 그걸 정리해서 팀의 회고 노트에 기록한다. 작은 회고가 쌓이면 팀의 패턴이 눈에 들어온다.

반복 업무를 루틴에 넣는 건 더 명확하다. 팀에는 항상 비슷한 방식으로 만들어지는 문서가 있다. 주간 보고서, 고객 응대 메일, 프로젝트 현황 정리 같은 것들이다. 이런 문서를 만들 때마다 팀원은 빈 화면 앞에 앉아 한참을 고민한다.

"이번엔 어떻게 시작하지?"

지난번에 쓴 문서를 찾아 참고하지만, 매번 새로 쓰는 것처럼 느껴진다. 30분에서 1시간이 걸린다. 팀장이 규칙을 하나 만든다.

"주간 보고서는 AI가 먼저 초안을 만든다."

월요일 오전, AI는 지난주 팀 활동을 정리해서 보고서 형태로 만든다. 팀원은 그걸 열어보고 빠진 걸 추가하거나 표현을 다듬는다. 초안이 있으니까 시작이 쉽다. 고치는 일은 새로 쓰는 것보다 훨씬 가볍다. 30분 걸리던 게 10분으로 줄어든다.

루틴은 기술 문제가 아니라 환경 설계다. 실력 좋은 사람도 환경이 안 받쳐주면 제 능력을 못 낸다. 환경이 좋으면 보통 실력을 가진 사람도 꾸준히 좋은 결과를 낸다. AI를 팀의 일상에 넣는다는 건 팀의 환경을 바꾸는 일이다. 월요일엔 요약본이 있고, 금요일엔 회고 질문이 있고, 보고서를 쓸 땐 초안이 준비되어 있다. 이런 환경에서 팀원들은 AI를 써야 한다고 느끼지 않는다. 그냥 일하다 보면 AI를 쓰게 돼 있다. 월요일에 출근하면 요약본이 떠 있고, 보고서를 쓸 시간이 되면 초안이 준비되어 있다. 팀원은 '오늘도 AI 써야지' 하고 결심하지 않는다. 그냥 평소처럼 일한다. 그게 자연스러움이다.

이 자연스러움이 팀의 속도를 지킨다. 바쁜 날에도 최소한의 품질이 유지된다. 팀원 한 명이 휴가를 가도 팀이 멈추지 않는다. AI가 만든 초안이 있으니까 다른 팀원이 이어서 할 수 있다. 무엇보다 팀원들이 덜 지친다. 매번 빈 화면 앞에서 시작하는 부담이 없다. '이번엔 뭘 써야 하지?' 하는 막막함이 사라진다. 초안을 고치면 되니까 심리적으로 훨씬 가볍다. 팀원들은 반복 업무에 쓰는 에너지를 줄이고, 그 에너지를 정말 중요한 일에 쓴다. 고객과의 대화, 새로운 아이디어, 팀원 간의 협업. AI가 루틴을 맡으면 사람은 사람만이 할 수 있는 일에 집중한다.

AI 사용 노트를 만든 팀이 오래간다

/

AI를 쓰면서 가장 아까운 순간은 좋은 결과를 얻고도 그걸 잊어

버릴 때다. 어느 팀원이 고객 컴플레인에 대응하는 메일을 썼는데 평소보다 훨씬 좋은 반응을 얻었다. AI에게 상황을 설명하고 초안을 받았는데, 그 프롬프트가 정말 잘 먹혔다. 고객이 화를 풀고 오히려 고마워하는 답장을 보냈다. 팀원은 그 순간 '이거 다음에도 써야겠다' 하고 생각한다. 하지만 한 달쯤 지나면 어떻게 물어봤는지 기억이 안 난다. 비슷한 상황이 다시 왔을 때 처음처럼 헤맨다. 같은 시행착오를 반복한다.

다른 팀원도 마찬가지다. 누군가는 회의록 정리하는 좋은 방법을 찾았고, 누군가는 데이터 분석 프롬프트를 잘 만들었다. 각자 좋은 경험을 했지만 그게 공유되지 않는다. 팀원 A가 삽질하던 문제를 팀원 B는 이미 해결했는데 서로 모른다. 다들 비슷한 실수를 제각각 겪는다. 팀 전체로 보면 같은 문제를 여러 번 푸는 셈이다. 시간도 아깝고, 팀원들도 지친다.

기록하지 않는 팀은 이런 식으로 움직인다. 성장은 하지만 속도가 느리다. 매번 바닥부터 시작한다. 반면에 작은 성공을 기록하는 팀은 다르게 움직인다. 한 번 잘된 건 다음번에 또 쓰인다. 두 번째는 첫 번째보다 빠르고, 세 번째는 두 번째보다 낫다. 실수도 마찬가지다. 'AI에게 이런 식으로 물어보면 이상한 답이 나온다'는 경험이 팀 노트에 남으면, 다른 팀원은 같은 실수를 피한다. 시행착오가 쌓이지 않고 학습으로 전환된다.

기록은 거창할 필요가 없다. 5문장이면 된다. 날짜, 상황 한 줄, 프롬프트 몇 줄, 결과 한 줄, 배운 점 한 줄. 이게 전부다.

'202○년 3월 12일, 고객 컴플레인 답변 작성. 프롬프트: 고객이 배송 지연으로 화가 난 상태. 사과와 함께 구체적 보상안 제시. 결과는 고객 만족도 상승, 재구매 이어짐. 배운 점은 막연한 사과보다 구체적 액션이 효과적이라는 것.'

이런 기록이 10개만 쌓여도 팀의 자산이 된다. 누군가 고객 응대 메일을 써야 할 때 이 노트를 연다. '비슷한 상황이 있었나?' 하고 찾아본다. 있으면 그걸 참고해서 프롬프트를 만든다. 처음부터 잘 쓸 필요가 없다. 이미 검증된 방법이 있으니까.

새 팀원이 들어올 때도 이 노트는 쓸모 있다. 팀장이 길게 설명하지 않아도 된다.

"우리 팀 AI 레퍼런스북 여기 있어요. 한번 훑어보세요."

신입은 30분쯤 그 노트를 읽는다.

'아, 이 팀은 이런 식으로 AI를 쓰는구나.'

가이드라인을 따로 만들지 않아도 자연스럽게 팀의 방식을 배운다. 다음 주부터는 비슷한 수준으로 AI를 쓴다. 적응 기간이 짧아진다.

기록을 쌓는 방식도 간단하다. 노션(Notion) 페이지 하나면 충분하다. 제목은 '팀 AI 레퍼런스북' 정도로 해두고, 팀원 누구나 편집할 수 있게 권한을 연다. 특별한 양식도 필요 없다. 팀장이 먼저 하나 써서 올린다.

"이런 식으로 하면 돼요."

팀원 한 명이 따라 한다. 그다음 주에 또 한 명이 쓴다. 처음 한 달은 더디다. 일주일에 한두 개씩 올라온다. 그런데 두 달째부터 속도가 붙는다. 팀원들이 '아, 이것도 기록하면 좋겠다'라고 느끼기 시작한다. 출근길에 좋은 프롬프트 하나 떠오르면 바로 노트에 쓴다. 3개월쯤 지나면 30개가 넘는다.

30개쯤 쌓이면 팀의 움직임이 달라진다. 누군가 AI를 쓸 일이 생기면 레퍼런스북을 먼저 연다. '비슷한 상황이 있었나?' 하고 검색한다. 있으면 그걸 참고해서 프롬프트를 만든다. 없으면 새로 시도한다. 그리고 그 결과를 다시 기록한다.

"이번엔 이렇게 했더니 이런 결과가 나왔다."

이 기록의 누적이 팀의 AI 활용 수준을 빠르게 올린다. 한 달 전에는 30분 걸리던 일이 지금은 5분 만에 끝난다. 누군가 헤맸던 문제를 다른 사람은 이미 풀어놨으니까.

기록의 가장 큰 힘은 팀이 '어제보다 나은 오늘'을 실감한다는 데 있다. 3개월 전 노트와 지금 노트를 비교해보면 확실히 다르다. 3개월 전엔 "AI한테 요약 좀 해줘" 수준이었는데, 지금은 "이 데이터에서 우리가 놓치고 있는 패턴을 세 가지 관점에서 분석해줘" 같은 질문을 한다. 프롬프트가 구체적이고 깊어진다. 팀원들은 자기가 성장하는 걸 느낀다. 그러면 더 기록하고 싶어진다. "이번 건 정말 잘됐는데, 팀원들도 알았으면 좋겠다"라고 노트에 쓴다.

누군가 남긴 기록이 다른 사람한테 도움이 되는 걸 보면 뿌듯하다. 팀원 A가 쓴 프롬프트를 팀원 B가 써서 좋은 결과를 냈다는 이야기를 듣는다. 팀원 B는 댓글을 단다.

"A님이 공유한 프롬프트 덕분에 30분 절약했어요. 감사합니다!"

팀원 A는 기분이 좋아진다. 다음번엔 더 적극적으로 기록한다. 이 선순환이 팀 문화가 된다. 혼자 잘하는 것보다 같이 잘하는 게 더 좋다는 걸 팀원들이 경험으로 안다.

기록은 단순히 정보를 쌓는 게 아니다. 팀의 지식을 축적하고, 팀의 경험을 공유하고, 팀의 정체성을 만드는 과정이다. "우리 팀은 이렇게 일한다"는 것이 노트 안에 담긴다. 6개월쯤 지나면 50개가 넘는 기록이 쌓인다. 그때쯤이면 팀원들이 말한다.

"이 노트가 우리 팀에서 제일 중요한 문서인 것 같아요."

회사 규정이나 업무 매뉴얼보다 이 노트를 더 자주 본다. 실제로 일할 때 도움이 되니까. 이게 팀의 진짜 자산이다.

대화의 질을 바꾸는 질문들

/

AI는 질문만큼만 똑똑하다. 팀장이 "이 데이터 좀 요약해줘"라고 요구하면 AI는 그냥 요약본을 내놓는다. 숫자 몇 개, 트렌드 한두 줄. 그게 전부다. 팀장은 그걸 보고 "음" 하고 끄덕인다. 특별히 새로운 건 없다. 이미 아는 내용이거나, 뻔한 이야기다.

반면에 "이 데이터에서 우리가 놓치고 있는 패턴이 있다면 뭘까?" 라고 물으면 AI는 다르게 움직인다. 데이터를 여러 각도에서 본다. "A 지표와 B 지표가 반대로 움직이는데, 이건 보통 C 상황을 의미합니다" 같은 답이 나온다. 팀장은 "어? 이건 생각 못 했는데" 하고 다시 본다. 같은 데이터, 다른 질문, 완전히 다른 인사이트.

질문의 질이 팀의 사고를 결정한다. 좋은 질문을 던지는 팀은 깊이 생각하게 된다. "왜 이렇게 됐을까?" "다른 방식으로 보면 어떨까?" "이게 6개월 후엔 어떤 영향을 미칠까?" 이런 질문들이 회의에서 오간다. 반면 단순한 질문만 던지는 팀은 표면만 본다. "이번 달 매출 얼마야?" "경쟁사는 뭐 해?" 숫자는 알지만 의미는 모른다. 데이터는 많은데 인사이트는 없다.

팀 미팅에서 한 달에 한 번쯤, 30분 정도 모여서 프롬프트에 대해 이야기하는 시간을 가지면 팀이 달라진다.

"최근에 AI한테 물어본 것 중 가장 유용했던 질문이 뭐였어요?"

팀장이 묻는다. 한 팀원이 손을 든다.

"저는 회의록 정리할 때 '이 회의에서 결정되지 않은 게 뭐야?' 라고 물어봤어요. 그랬더니 다음 회의 어젠다가 자동으로 나오더라고요."

다른 팀원이 고개를 끄덕인다. 또 다른 팀원이 거든다.

"저는 고객 피드백 분석할 때 '세 가지 관점에서 이 문제를 다시 정의해줘'라고 물었어요. 그랬더니 우리가 생각 못 한 각도가 나왔어요. 고객이 불만을 제기한 건 제품 기능이 아니라 사용법을 몰라서였더라고요."

팀원들은 서로의 질문을 듣고 배운다. 다음 주부터 팀원들의 질문이 달라진다. "요약해줘"가 아니라 "핵심 패턴 찾아줘"로 바뀐다.

팀장은 이렇게 모은 질문들을 정리해서 팀 질문 라이브러리를 만든다. 데이터 분석용, 회의 운영용, 팀 커뮤니케이션용으로 나눈다. 카테고리마다 좋은 질문 서너 개씩 넣는다. 팀원들은 막막할 때 이 리스트를 펼쳐본다. 지금 상황에 맞는 질문을 고른다. 질문이 명확해지면 답도 명확해진다.

질문 중심 팀의 가장 큰 장점은 팀원들이 수동적으로 지시를 기다리지 않는다는 점이다. 팀장이 일일이 "이걸 확인해봐, 저걸 분석해봐" 하고 말하지 않아도 팀원이 스스로 움직인다. 프로젝트 현황을 정리하다가 이상한 패턴을 발견하면 질문을 던진다.

"이 문제를 다르게 정의하면 어떻게 될까?"

AI에게 물어본다. 답이 나온다. 팀원은 그 답을 가지고 팀장한테 간다.

"팀장님, 이 부분 보세요. 우리가 놓친 게 있는 것 같아요."

팀장은 놀란다.

"어, 이거 어떻게 찾았어요?"

팀원은 대답한다.

"AI한테 다르게 정의해보라고 했더니 이게 나왔어요."

이런 팀원은 단순히 업무를 처리하는 사람이 아니라 문제를 해결하는 사람이 된다. 시키는 일만 하는 게 아니라 문제를 찾아내고 답을 제안한다. 팀장은 모든 걸 다 챙기지 않아도 된다. 팀원들이 알아서 중요한 걸 찾아낸다. 팀 전체의 사고력이 올라간다. 회의 분위기도 달라진다. 예전엔 팀장이 질문하고 팀원이 대답하는 구조였다면, 이제는 팀원들도 질문을 던진다.

"이 결정이 6개월 후엔 어떤 영향을 미칠까요?"

"우리가 놓치고 있는 리스크는 없을까요?"

팀장 혼자 생각하는 게 아니라 팀 전체가 함께 생각한다.

질문의 질이 바뀌면 대화의 질이 바뀐다. 대화의 질이 바뀌면 팀의 사고력이 커진다. AI는 이 과정을 돕는 도구일 뿐이다. 진짜 변화는 팀원들의 머릿속에서 일어난다. '이렇게 물어보면 더 좋은 답을 얻을 수 있구나.' '다른 관점에서 보니 전혀 다른 게 보이네.' 이런 깨달음이 쌓이면서 팀원들은 스스로 더 깊이 생각하게 된다. AI가 없어도 좋은 질문을 던진다. 동료한테도, 고객한테도, 자기 자신한테도. 질문하는 습관이 팀 문화가 된다.

팀의 신입에게 가장 먼저 알려줘야 할 AI 사용법

/

신입사원이 팀에 들어온 첫날, 팀장은 회사 시스템 쓰는 법, 업무 프로세스, 팀 문화 같은 걸 설명한다. 신입은 노트북을 열어 사내 시스템에 로그인하는 법을 배우고, 프로젝트 관리 툴 쓰는 법을 익힌다. 팀장은 "궁금한 거 있으면 언제든 물어봐요" 하고 자리로 돌아간다. 그런데 이 과정에서 AI 활용 방식은 빠지는 경우가 많다. 팀장은 "나중에 필요하면 알려주지 뭐" 하고 넘어간다. 신입도 굳이 묻지 않는다. 아직 뭘 물어야 할지도 모르니까.

문제는 몇 주 뒤에 드러난다. 신입은 팀이 AI를 어떻게 쓰는지 모른 채로 일한다. 다른 팀원들이 회의록을 5분 만에 정리하는 걸 보면서 신기해한다.

'어떻게 저렇게 빨리 하지?'

궁금하지만 물어보기 애매하다. "저, 혹시 어떻게 하는 거예요?" 하고 물으면 팀원은 "아, AI 써요"라고 대답한다. 신입은 "아…" 하고 고개를 끄덕인다. 그런데 어떤 AI를 어떻게 쓰는 건지는 여전히 모른다. 혼자 챗GPT를 열어 이것저것 해보지만 팀원들처럼 잘 안 된다. '이렇게 써도 되는 건가?' 하는 불안감이 계속 남는다.

결국 2가지 상황 중 하나가 일어난다. 신입이 AI를 아예 안 쓰거나, 팀의 방식과 다르게 쓰다가 나중에 문제가 생긴다. 고객한테 보낼 메일을 AI로 작성했는데 검증 안 하고 그냥 보냈다가 오타가 들어간다. 팀장이 나중에 알고 놀란다.

"AI로 쓴 건 반드시 확인하고 보내야죠."

신입은 당황한다.

"아, 그런 규칙이 있었어요?"

아무도 알려주지 않았으니 몰랐던 것이다.

온보딩 단계에서 AI 사용법을 명확히 알려주는 팀은 다르다. 신입의 적응 속도가 훨씬 빠르다. 첫 주에 팀의 AI 활용 기준을 배우고, 두 번째 주부터는 실제로 써본다. 한 달쯤 지나면 팀의 평균 수준에 도달한다. 다른 팀원들과 비슷하게 회의록을 정리하고, 보고서 초안을 만들고, 데이터를 분석한다. 신입이라는 티가 안 난다.

온보딩에 필요한 건 간단하다. 팀의 AI 사용 가이드 문서 하나면 충분하다. A4 두 장 정도 분량이 적당하다. 너무 길면 안 읽는다. 기본 원칙 몇 개, 주요 활용 영역, 사용하는 도구, 검증 기준, 금지 사항, 도움 받을 곳. 이 여섯 가지 핵심만 있으면 된다. 기본 원칙은 'AI는 초안 만드는 도구이고 최종 판단은 사람이 한다', '중요한 결정은 반드시 2차 검증한다', 'AI 사용 사실은 팀 내에서 투명하게 공유한다' 같은 것들이다.

예를 들어 주요 활용 영역은 매주 주간 회의록 요약, 보고서 초안 작성, 데이터 분석 보조, 고객 응대 문안 검토 정도. 사용 도구는 챗GPT나 클로드 같은 일반 업무용, 노션 AI 같은 문서 작업용, 릴리스에이아이 같은 회의록용.

검증 기준은 명확하다. 숫자 데이터는 반드시 원본과 대조, 고객 대응은 팀장 최종 검토, 대외 발표 자료는 2인 이상 검수. 금지 사항도 간단하다. 고객 개인정보 입력 금지, 회사 기밀 데이터 외부 AI 사용 금지, 평가나 인사 관련 민감 정보 입력 금지. 도움 받을 곳은 막히면 팀 AI 레퍼런스북 먼저 확인, 그래도 모르면 팀 채널에 문의, 새로운 사례 발견하면 레퍼런스북에 기록.

이 문서를 신입에게 주는 것만으로는 부족하다. 첫 주에 30분 정도 시간을 내서 팀장이 직접 설명한다. 화면을 공유하며 시연한다.

"우리 팀은 매주 월요일 오전에 AI로 지난주 회의록을 정리해요. 실제로 보여드릴게요."

릴리스에이아이에 회의 녹음을 올리고, 결과를 챗GPT에 넣어 요약하고, 최종본을 팀 채널에 올리는 과정을 5분 만에 보여준다.

다음 주에는 신입이 직접 해본다. 팀장이 옆에서 피드백을 준다.

"좋아요. 이번엔 프롬프트에 '핵심 결정 사항 3가지'를 명시해보세요."

신입은 프롬프트를 고쳐 다시 돌린다. 결과가 훨씬 깔끔하게 나온다. 두세 번 반복하며 팀의 AI 사용 방식을 자연스럽게 익힌다. 한 달쯤 지나면 다른 팀원들과 비슷한 수준이 된다. 신입이 빠르게 적응하면 팀 전체한테도 좋다. 팀장이 교육에 쓰는 시간이 줄어들고, 신입이 빨리 제 역할을 하니까 팀의 생산성이 떨어지지 않는다. 가끔 신입이 새로운 시각을 제공하기도 한다.

"저는 이전 회사에서 이렇게 썼는데, 우리 팀에도 적용해보면 어떨까요?"

이런 제안이 팀의 AI 활용법을 개선하는 계기가 된다. 온보딩은 단순히 신입을 교육하는 게 아니라 팀 전체의 수준을 높이는 기회다.

AI를 잘 쓰는 팀은 '어떻게 나아졌는가'를 돌아본다

/

AI를 팀에 도입한 지 석 달쯤 지났다. 팀원들은 이제 자연스럽게

AI를 쓴다. 월요일 아침이면 지난주 요약본이 올라오고, 보고서 쓸 때는 AI 초안부터 시작한다. 회의록도 자동으로 정리된다. 팀장은 "이제 자리 잡혔네" 하고 안심한다. 하지만 여기서 멈추면 안 된다. 지금 잘하고 있는지, 더 나아질 부분은 없는지 점검해야 한다. 이 점검이 없으면 팀은 현재 수준에 머문다. 잘못된 습관이 굳어질 수도 있다.

회고는 한 달에 한 번이면 충분하다. 너무 자주 하면 형식적인 점검으로 흐르기 쉽고, 너무 늦으면 기억이 흐려진다. 예를 들어 매월 마지막 주 금요일 오후, 팀 회의 마지막 30분을 회고에 쓴다. 이때 세 가지 질문만 던진다. 이번 달 AI로 가장 잘 해결한 일은 뭐였나, AI를 쓰면서 불편했거나 아쉬웠던 점은 뭐였나, 다음 달에 시도해 보고 싶은 건 뭔가. 이 세 질문이면 된다.

첫 번째 질문은 성공 사례를 공유한다. 한 팀원이 손을 든다.

"저는 이번 달에 고객 컴플레인 대응할 때 AI가 진짜 도움 됐어요. 초안 만드는 시간이 반으로 줄었거든요."

"오, 어떻게 했어요?"

팀원이 설명한다.

"상황을 구체적으로 설명하고, 어떤 톤으로 쓸지 명시했어요. 그랬더니 바로 쓸 만한 초안이 나왔어요."

팀원들은 고개를 끄덕인다.

'나도 다음에 그렇게 해봐야겠다.'

한 사람의 성공이 팀 전체의 학습이 된다.

두 번째 질문은 개선점을 찾는다. 다른 팀원이 말한다.

"저는 AI가 만든 회의록이 가끔 중요한 결정 사항을 빠뜨릴 때가 있더라고요. 나중에 보고 '어? 이건 왜 안 적혀 있지?' 하는 경우가 몇 번 있었어요."

팀장이 귀를 기울인다.

"그런 일이 있었어요? 몇 번 정도?"

"이번 달에 두 번요."

팀장은 생각한다.

"그럼 앞으로 회의록은 제가 한 번 더 확인하고 공유하도록 할게요. 중요한 결정 사항은 놓치면 안 되니까요."

문제가 해결책으로 바뀐다.

세 번째 질문은 성장 방향을 정한다. 또 다른 팀원이 제안한다.

"다음 달에는 프로젝트 리스크 분석에 AI를 써보면 어떨까요? 지난번에 예상 못 한 리스크가 터져서 곤란했었잖아요."

팀장이 생각해보고 고개를 끄덕인다.

"좋은 생각이네요. 한번 시도해봅시다. 김 대리님이 다음 프로젝트 시작할 때 테스트해보시겠어요?"

김 대리가 고개를 끄덕인다.

"네, 해볼게요."

새로운 시도가 계획된다.

회고에서 중요한 건 '무엇을 했는가'보다 '어떻게 나아졌는가'에 집중하는 것이다. 단순히 "이번 달 AI를 20번 썼다"가 아니라 "AI

덕분에 보고서 작성 시간이 30% 줄었다", "팀원들이 반복 업무에서 벗어나 중요한 일에 집중할 수 있게 됐다" 같은 변화를 이야기해야 한다. 숫자보다 의미가 중요하다.

변화를 측정하는 방법도 간단하다. 세 가지만 본다. 시간 절약, 품질 향상, 팀 만족도. 이번 달 AI로 절약한 시간이 얼마나 되나, AI를 쓴 업무의 완성도가 높아졌나, 팀원들이 AI 사용을 편하게 느끼나. 이 세 가지를 매달 체크하면 팀의 AI 활용이 올바른 방향으로 가고 있는지 알 수 있다. 수치로 정확히 재지 않아도 된다. 팀원들이 '확실히 나아진 것 같다'고 느끼면 그게 답이다.

회고를 통해 팀은 자연스럽게 진화한다. 처음엔 단순 작업 자동화로 시작했지만, 몇 달 지나면 의사결정 지원까지 확장된다. 1년이 지나면 AI가 팀의 일하는 방식 자체를 바꿔놓는다. 이 진화가 가능한 이유는 팀이 계속 돌아보고, 배우고, 개선하기 때문이다. 회고 없이는 이런 성장이 불가능하다.

회고는 자연스럽게 다음 단계로 이어진다. 몇 달 계속하다 보면 누군가 이런 말을 한다.

"이제 우리 팀 방식이 제법 괜찮은 것 같은데, 다른 팀과도 공유해볼까요?"

팀장이 고개를 끄덕인다.

"그것도 좋겠네요. 영업팀도 관심 있어 하더라고요."

이 대화가 나오는 순간, 팀의 AI 활용은 팀을 넘어 조직 전체로 확산되기 시작한다.

AI가 루틴이 되면 기록이 되고, 기록이 쌓이면 자산이 된다

/

AI를 팀에 도입하는 것은 시작일 뿐이다. 진짜 변화는 AI가 팀의 일상이 되는 순간부터 시작된다. 팀원들은 'AI를 써야지' 하고 따로 생각하지 않는다. 그냥 평소처럼 일하며 AI를 쓰게 돼 있다. 이게 루틴이 만들어진 상태다.

루틴 위에 기록이 쌓인다. 누군가 좋은 프롬프트를 찾으면 팀 노트에 기록한다. 이 기록이 10개, 20개, 30개 쌓이면서 팀의 자산이 된다. 누군가 비슷한 상황을 만나면 노트를 뒤적인다. '아, 이렇게 하면 되는구나' 같은 시행착오를 반복하지 않는다. 팀의 학습 속도가 빨라진다.

질문의 질도 점점 높아진다. 처음에는 "이 내용 요약해줘" 정도의 질문이 대부분이지만, 몇 달이 지나면 "이 이슈를 3가지 관점에서 분석해줘" "우리가 놓치고 있는 패턴은 뭐야?" 같은 질문이 자연스럽게 나온다. 이 변화는 개인에게서 끝나지 않는다. 팀원들은 서로가 던진 질문을 듣고 배우기 시작한다. 좋은 질문은 공유되고, 반복해서 쓰인다. 그렇게 팀 안에 '질문 라이브러리'가 쌓인다. 막막한 상황이 오면 팀원들은 먼저 이 리스트를 펼쳐본다. 지금 상황에 맞는 질문을 고르는 것만으로도 문제의 절반은 이미 정리된다.

신입이 들어오면 첫 주에 AI 사용 가이드를 알려준다. 팀장이 화면을 공유하며 직접 시연한다.

"우리 팀은 이렇게 일합니다."

신입은 옆에서 보고 배운다. 다음 주부터 직접 해본다. 한 달이면 팀의 평균 수준에 도달한다. 신입의 새로운 시각이 팀의 AI 활용법을 개선하는 계기가 되기도 한다.

한 달에 한 번 회고를 한다. 이번 달 잘된 일, 아쉬웠던 점, 다음 달 시도할 것. 3가지 질문으로 팀은 계속 나아진다. 성공 사례는 공유되고, 문제는 해결되고, 새로운 시도가 계획된다. 몇 달 지나면 팀의 움직임이 확실히 달라진다.

이 5가지가 맞물리면 팀은 'AI를 쓰는 팀'이 아니라 'AI와 함께 성장하는 팀'이 된다. 도구는 계속 바뀐다. 1년 뒤에는 지금 쓰는 AI 도구의 절반이 사라질 수도 있다. 하지만 루틴, 기록, 질문, 온보딩, 회고라는 구조는 남는다. 이 구조가 튼튼한 팀은 어떤 도구가 와도 빠르게 적응하고 활용한다.

결국 중요한 것은 도구가 아니라 문화다. AI를 자연스럽게 받아들이고, 함께 배우며, 계속 나아지려는 문화. 이 문화를 만드는 것이 팀장의 역할이다. 팀장은 첫 루틴을 만들고, 첫 기록을 쓰고, 첫 질문을 던지고, 신입을 교육하고, 회고를 이끈다. 팀원들이 따라온다. 처음엔 어색하지만 몇 주 지나면 자연스러워진다. 몇 달 지나면 '원래 이렇게 했던 것처럼' 느껴진다.

이 문화가 팀을 넘어 조직 전체로 확산될 때, 진짜 변화가 일어난다. 한 팀의 성공 사례가 다른 팀에 영감을 준다.

"우리도 저렇게 해볼까?"

팀장들끼리 노하우를 공유한다.

"우리 팀은 이렇게 하는데 효과가 좋아요."

조직 전체가 배운다. 이 흐름이 만들어지면 회사 자체가 달라진다. AI를 쓰는 회사가 아니라 AI와 함께 진화하는 회사가 된다.

AI를 팀의 일하는 방식으로 만드는 리더의 원칙

이제 팀이 AI를 '어떻게' 쓰는지는 충분히 이해했을 것이다. 직무별로 어떤 장면에서 AI가 힘이 되는지, 어떤 문장을 건네면 초안이 만들어지는지, 또 어떤 순간에 리더가 개입해야 팀의 일하는 방식이 무너지지 않는지도 확인했다.

그런데 여기서 멈출 수는 없다. AI를 쓰는 팀원이 늘어날수록, 리더가 놓치면 안 되는 것들이 분명해진다. 누가 어떤 도구를 쓰는지보다 더 중요한 것이 생긴다. 바로 팀 전체가 흔들리지 않도록 지켜야 하는 기준이다.

도구는 계속 바뀌지만 기준은 오래간다. 그래서 팀 내 AI 도입의 체크포인트를 정리하려 한다. 복잡한 규칙이나 절차가 아니라, 리더가 매일의 일상에서 조금만 신경 쓰면 팀의 일하는 속도와 품질을 지켜주는 기본 원칙들이다.

리더가 바뀐 것만으로 팀의 변화는 이미 시작되었다. 이제는 속도를 조절하고 방향을 잡을 차례다. 팀이 AI를 잘 활용하도록 돕기 위해 리더가 지켜야 할 5가지 원칙을 알아보자.

언제나 책임은 사람에게 있다

/

AI를 팀에 도입하면 가장 먼저 생기는 착각이 있다.

"AI가 알아서 판단해줄 것이다."

하지만 이 말만큼 위험한 생각도 없다.

기억해야 할 사실은 명확하다. AI는 틀릴 수 있고, 그 실수의 책임은 결국 사람이 진다는 점이다. 기술은 언제나 편리함과 위험을 함께 가져오고, AI도 예외가 아니다.

인사팀뿐 아니라 대부분의 팀에서 한 번쯤 경험하는 장면이 있다. 갑자기 결재 문서가 한 줄로 싹 정리되어 있고, 평소보다 훨씬 매끄러운 표현이 들어가 있을 때다. 누가 봐도 AI가 만든 초안이다. 문장은 매끈하지만, 근거가 틀렸을 때 문제는 단순하지 않다. 회의에서 "왜 이렇게 정리했죠?"라는 질문이 나오면 누군가는 반드시 책임을 져야 한다.

해외에서는 이 문제가 이미 훨씬 크게 드러났다.

한 기업의 고객센터 챗봇이 잘못된 환불 정책을 안내했을 때 법원은 '챗봇도 회사의 공식 창구'라고 판단했다. 결국 회사가 책임졌다. AI가 한 실수라도 최종 책임은 사람에게 있다는 뜻이다.

이는 팀 안에서도 똑같이 적용된다. AI가 만든 초안을 그대로 쓰면 편하긴 하다. 하지만 그 편함 뒤에는 반드시 검증해야 하는 과정이 따라온다. 리더가 그 단계를 건너뛰면 팀 전체가 위험해진다. 그래서 이 원칙은 짧은 문장 하나로 정리된다.

'AI가 무엇을 만들든, 마지막 문장은 사람이 완성해야 한다.'

AI는 시작을 빠르게 해주지만, 끝까지 책임지는 일은 리더의 몫이다. 문장을 검토하는 일, 데이터의 출처를 확인하는 일, 이 문장이 팀의 철학과 맞는지 한 번 더 생각하는 일. 이런 작은 검증이 쌓여 결과물의 신뢰도를 만든다. 그리고 그 신뢰는 단기적 성과보다 느리게 쌓이지만, 어떤 기술보다 오래 남는다.

팀원은 AI보다 먼저다

/

팀에 AI를 도입하면서 가장 흔하게 듣는 질문이 있다.

"저도 꼭 AI 써야 하나요?"

이 질문 뒤에는 여러 감정이 숨어 있다. 나만 뒤처지는 건 아닐지, 이 흐름을 따라가지 못하면 도태되는 건 아닐지, 혹시 내 자리가 점점 좁아지는 건 아닐지에 대한 불안이다.

리더가 이런 불안을 읽지 못한 채 AI 도입을 서두르면 팀원은 더 움츠러든다. 도구를 빨리 배우라는 압박은 느끼지만 실패할까 봐 시도조차 못 한다. 누군가는 몰래 써보다가 실수하고, 그 실수를 숨긴다. 누군가는 아예 거부하고 예전 방식만 고집한다. 팀은 겉으로는 AI를 쓰는 것처럼 보이지만 속은 균열이 생긴다.

한 팀에서 실제로 일어난 일이다. 팀장이 먼저 AI를 익히고 팀 회의에서 발표했다. "앞으로 이걸로 회의록 쓰세요. 10분이면 됩니다." 좋은 의도였다. 하지만 팀원 반응은 달랐다. 경력 7년 차 직원이 조용히 물었다. "팀장님은 금방 하시는데 저는 잘 안 되면 어쩌죠?" 다른 팀원은 "이거 안 쓰면 안 되나요?"라고 되물었다. 팀장은 당황했다. 효율을 높이려던 시도가 오히려 팀원을 불안하게 만들고 있었다.

문제는 도구가 아니라 순서였다. 도구를 먼저 도입하고 사람의 마음은 나중에 챙기려 했지만 변화는 반대로 시작해야 한다. 사람이 먼저고, 도구는 그다음이다.

AI를 잘 정착시킨 팀을 보면 공통점이 있다. 리더가 먼저 실수를 보여준다는 것이다.

"저도 처음엔 이상한 답이 나와서 당황했어요."

"이 프롬프트를 쓰니까 엉뚱한 게 나오더라고요."

리더의 실패담은 팀원에게 심리적 안전감을 준다. 완벽하게 잘해야 하는 게 아니라 시도해도 괜찮다는 신호가 된다.

어떤 리더는 팀 회의 시간에 자신이 AI를 쓰는 과정을 실시간으로 보여줬다. 화면을 공유하고 질문을 입력하고 결과가 나오면 "이 부분은 괜찮은데 이 부분은 이상하네요"라고 말했다. 팀원들은 그 과정을 보며 배웠다. AI가 만능이 아니라는 것, 시행착오가 당연하다는 것, 리더도 배우는 중이라는 것을.

또 다른 팀에서는 'AI 실패 사례 공유 시간'을 만들었다. 매주 금요일 30분, 이번 주에 AI를 쓰다가 실패한 경험을 나누는 시간이었다. 처음에는 어색했다. 하지만 리더가 먼저 말문을 열었다.

"저는 이메일을 AI로 썼는데 너무 격식 있어서 고객이 당황했대요."

팀원들이 피식 웃었다. 그다음 주부터는 팀원들도 하나씩 실패 이야기를 꺼냈다. 실패가 부끄러운 게 아니라 배움이 된다는 걸 알게 된 순간이었다.

AI 도입에서 가장 중요한 건 속도가 아니다. 팀원이 안전하다고 느끼는가다. 실패해도 괜찮고, 천천히 배워도 되고, 모르는 걸 물어봐도 된다는 분위기. 그 분위기를 만드는 사람은 리더다.

도구는 언제든 배울 수 있다. 하지만 한 번 잃은 신뢰는 되돌리기 어렵다. 팀원이 AI 때문에 소외감을 느끼거나 불안해한다면, 그건 도구의 문제가 아니라 도입 과정의 문제다.

리더가 먼저 서두르지 않고, 먼저 실수하고, 먼저 기다려줄 때 팀은 함께 움직인다. AI보다 사람이 먼저다. 이 순서를 지킬 때 변화는 지속된다.

작은 성공이 큰 변화를 만든다

AI를 도입한 지 한 달쯤 지나면 리더들은 비슷한 고민을 한다.

"처음엔 다들 신기해하더니 요즘은 안 쓰네요."

열정이 식은 것이다. 초반의 신선함이 사라지면 다시 익숙한 방식으로 돌아간다. 회의록은 손으로 쓰고, 보고서는 예전 템플릿을 쓰고, AI는 가끔 생각날 때만 켠다.

문제는 성취감이 없기 때문이다. AI를 썼지만 눈에 띄는 변화를 못 느끼면 동력이 떨어진다. "이거 해봤자 별로네" 하는 순간, 다시 예전으로 돌아간다.

그래서 필요한 게 작은 성공의 기록이다. 거창한 성과가 아니라 일상에서 느끼는 작은 변화들. 회의록 작성 시간이 30분에서 10분으로 줄었다거나, 보고서 초안을 짤 때 생기던 스트레스가 사라졌다거나, 반복 업무에서 해방되어 고객을 더 많이 만났다거나. 이런 것들이 쌓여야 지속된다.

한 대기업이 전사 AI 도입을 진행하면서 발견한 사실이 있다. 수천 명의 직원이 AI를 쓰기 시작했는데 몇 개월 후 상당수가 사용을 중단하고 있었다. 왜 그런지 물었더니 "효과를 못 느꼈다"라는 답이 많았다. 그래서 방식을 바꿨다. 매주 작은 성공 사례를 수집하고 공유하기 시작했다. 누가 어떤 업무에서 어떻게 시간을 줄였고, 어떤 부분이 편해졌는지 구체적으로 기록했다.

효과는 즉시 나타났다. 다른 사람의 성공을 보면 '나도 저렇게 해볼까' 하는 마음이 생긴다. 작은 성공이 도파민을 만들고, 그 도파민이 다음 시도를 부른다. 한 달 후 다시 조사했더니 사용률이 올라가 있었다.

어떤 팀은 '이번 주 AI 승리' 슬랙 채널을 만들었다. 팀원들이 AI로 해결한 작은 일들을 올리는 공간이었다.

"오늘 경쟁사 분석 보고서 20분 만에 완성!"

"고객 불만 답변 초안 3분 컷!"

이런 짧은 메시지들이 매일 올라왔다. 별것 아닌 것 같지만 효과는 컸다. 팀원들은 서로의 성공을 보며 자극받았고, 자기도 무언가 올릴 게 없을까 생각하게 됐다.

중요한 건 성공의 크기가 아니다. 빈도다. 일주일에 한 번 거창한 성과를 내는 것보다 매일 작은 성취를 느끼는 게 훨씬 강력하다. 그래서 리더는 팀원의 작은 성공을 놓치지 않고 인정해줘야 한다.

한 팀장은 매주 월요일 아침 회의에서 5분을 썼다. '지난주 AI로 잘해낸 일' 시간이었다. 팀원 한 명씩 돌아가며 작은 성공을 나눴다. 거창한 발표가 아니라 한 문장이면 충분했다.

"저는 금요일에 주간 보고서를 15분 만에 끝냈어요."

리더가 "좋네요, 어떻게 했어요?"라고 물으면 팀원이 간단히 설명했다. 다른 팀원들은 '나도 해봐야겠다'고 메모했다.

이 작은 습관이 3개월 지속되자 팀 분위기가 바뀌었다. AI는 더 이상 새로운 도구가 아니라 일상이 됐다. 누군가 새로운 방법을 발견하면 자연스럽게 공유했고, 다른 사람은 그걸 자기 방식으로 응용했다. 성공이 성공을 낳는 선순환이 만들어졌다.

기록은 또 다른 힘을 갖는다. 3개월 전과 지금을 비교할 수 있게 해준다. 한 팀은 AI 도입 전후 업무 시간을 비교했다. 회의록 정리 시간이 40% 줄었고, 보고서 작성 시간이 30% 줄었고, 반복 업무 시간이 50% 줄었다. 숫자로 보니 변화가 선명했다. 팀원들은 뿌듯했고, 리더는 상사에게 보고할 근거가 생겼다.

작은 성공을 축하하는 팀은 계속 앞으로 간다. 축하받지 못하는 팀은 멈춘다. 리더가 할 일은 거창한 목표를 제시하는 게 아니라 매일의 작은 성취를 알아채고 기록하고 나누는 것이다.

변화는 한순간에 오지 않는다. 작은 성공들이 쌓여 어느 날 "우리 많이 바뀌었네"라고 느끼는 순간이 온다. 그 순간까지 리더는 팀원의 작은 승리를 응원하는 사람이어야 한다.

투명성과 기준이 팀을 지킨다

/

AI를 쓰는 팀원이 늘어나면 리더는 새로운 질문을 받기 시작한다.

"이 자료 AI에 넣어도 되나요?" "고객정보도 괜찮을까요?" "이 문서는 어디까지 AI가 써도 되나요?"

처음에는 "상식적으로 판단해요"라고 답한다. 하지만 상식은 사람마다 다르다. 어떤 팀원은 개인정보가 포함된 엑셀 파일을 통째로 AI에 넣고, 어떤 팀원은 고객 이름을 지우고 입력한다. 기준이 없으니 각자 판단하고, 문제는 나중에 터진다.

한 회사에서 실제로 일어난 일이다. 마케팅팀 직원이 신규 캠페인 기획안을 AI로 작성했다. 효율적이었다. 문제는 그 기획안에 아직 공개되지 않은 신제품 정보가 들어 있었다는 것이다. AI 플랫폼에 입력된 데이터가 외부로 새어나갈 가능성은 낮지만 제로는 아니다. 보안팀이 알게 됐고, 해당 직원은 경고를 받았다.

이런 일은 직원의 잘못이라기보다 기준의 부재 때문에 생긴다. 무엇을 AI에 넣어도 되고 무엇은 안 되는지 명확한 가이드라인이 없으면 각자 판단할 수밖에 없다. 그리고 그 판단은 종종 틀린다.

그래서 필요한 게 팀의 AI 사용 원칙이다. 복잡한 규정이 아니라 몇 가지 명확한 기준. 어떤 정보는 절대 AI에 넣지 않는다, 중요한 문서는 반드시 검토 후 사용한다, AI 결과물은 출처를 확인한다, 이런 것들.

성공적으로 AI 도입을 정착시킨 팀들을 보면 대부분 간단한 원칙 3~5가지를 정해두고 있었다. 한 팀의 원칙은 이랬다.

첫째, 개인정보와 회사 기밀은 AI 입력 금지. 고객 이름, 연락처, 계약 내용, 미공개 전략은 절대 넣지 않는다. 둘째, AI가 만든 결과물은 리더 검토 필수. 특히 대외 발송 문서나 중요 의사결정 자료는 반드시 확인 후 사용한다. 셋째, 실패 사례는 숨기지 않고 공유. AI로 실수했다면 팀에 알려서 같은 실수를 반복하지 않도록 한다.

이 원칙은 팀 공간에 게시되어 있었다. 누가 물어보면 "여기 보세요"라고 가리키면 됐다. 애매한 상황이 생기면 리더에게 물었고,

리더는 원칙에 비춰 판단했다. 기준이 명확하니 혼란이 줄었다.

투명성도 중요하다. AI를 썼으면 그 사실을 밝히는 것이다. 어떤 리더는 AI로 작성한 보고서 하단에 작은 문구를 넣었다.

"이 문서는 AI를 활용하여 작성되었으며, 최종 검토는 담당자가 수행했습니다."

처음에는 '이거 쓰면 성의 없어 보이지 않을까' 걱정했다. 하지만 반응은 달랐다. 상사는 오히려 신뢰했다. AI를 쓴다는 걸 숨기지 않고, 검증 과정을 거쳤다고 명시하니 더 믿을 만하다고 느낀 것이다.

투명성은 팀 내부에서도 통한다. 누가 AI를 어떻게 쓰는지 서로 알면 배움이 빨라진다. 어떤 팀은 프롬프트 라이브러리를 만들어 공유했다. 각자 유용하게 쓴 질문 방식을 모아둔 문서였다.

"회의록 정리할 때 이렇게 물어보면 깔끔해요."

"경쟁사 분석할 때는 이 프롬프트 쓰세요."

팀원들은 서로의 노하우를 보며 더 빨리 배웠다.

기준과 투명성은 팀을 보호한다. 무엇이 허용되고 무엇이 금지되는지 명확하면 실수가 줄어든다. 서로가 뭘 하는지 알면 협업이 쉬워진다. 숨기고 각자 하는 팀은 위험이 커지고, 공유하고 함께하는 팀은 안전해진다.

리더가 해야 할 일은 복잡한 규칙을 만드는 게 아니다. 몇 가지 명확한 기준을 세우고, 그 기준을 팀원과 나누고, 애매한 순간에 함께 판단하는 것이다. 기준이 있는 팀은 빠르게 움직여도 방향을 잃지 않는다.

AI와 사람의 경계는 리더가 조율한다

/

AI를 쓰다 보면 어느 순간 헷갈린다. 이 일은 AI에게 맡겨도 될까, 아니면 내가 직접 해야 할까? 경계가 모호해지는 순간이다.

한 팀장이 고민을 털어놨다.

"팀원 평가 코멘트를 AI로 초안 작성했어요. 시간도 절약되고 표현도 괜찮더라고요. 근데 찜찜해요. 이거 제가 직접 써야 하는 거 아닌가요?"

정답은 없다. 하지만 판단 기준은 있다. 그 일이 사람의 감정과 관계를 다루는가. 그렇다면 AI는 보조만 해야 한다. 최종 문장은 사람이 완성해야 한다.

평가 코멘트는 팀원의 1년을 담는 문장이다. 어떤 순간에 힘들어했고, 어떤 성취를 이뤘고, 앞으로 어떤 방향으로 성장하면 좋을지. 이건 숫자 데이터만으로 쓸 수 있는 게 아니다. 함께 일하며 느낀 것, 대화하며 나눈 것, 관계 속에서 본 것들이 담겨야 한다.

AI는 형식을 갖춰줄 수 있다. "A 프로젝트에서 탁월한 기획력을 보여주었으며…" 같은 문장을 만들어준다. 하지만 그 뒤에 이어질 문장은 리더가 써야 한다. "특히 고객 인터뷰에서 예상치 못한 인사이트를 발견했을 때, 팀 전체가 그 아이디어에 힘을 얻었다"는 건 리더만이 쓸 수 있는 문장이다.

어떤 업무는 AI에게 맡겨도 된다. 데이터 정리, 초안 작성, 반복 업무, 정보 검색. 이런 일들은 효율이 중요하고 AI가 잘한다. 하지만 어떤 업무는 사람이 해야 한다. 팀원과의 1:1 대화, 갈등 조정, 중요한 의사결정, 팀 문화 만들기. 이런 일들은 관계와 맥락이 중요하고 AI는 표면만 다룬다.

경계를 정하는 건 리더의 몫이다. 팀의 성격, 업무의 특성, 조직의 문화에 따라 그 경계는 달라진다. 어떤 팀은 보고서 작성의 80%를 AI에게 맡기고, 어떤 팀은 30%만 맡긴다. 어떤 리더는 고객 응대 메시지 초안을 AI로 쓰고, 어떤 리더는 반드시 직접 쓴다.

중요한 건 그 경계를 팀원과 나누는 것이다.

"우리 팀은 이런 업무는 AI 써도 되고, 이런 업무는 직접 해야 해요."

기준이 명확하면 팀원도 판단하기 쉽다.

한 팀은 업무를 3가지로 나눴다. AI 단독, AI 보조, 사람 단독. 회의록 정리나 데이터 요약은 AI 단독으로 처리해도 된다. 보고서나 기획안은 AI가 초안을 만들지만 리더가 반드시 다듬는다. 팀원 면담이나 갈등 조정은 사람이 직접 한다. 이 기준이 있으니 팀원들은 매번 물어보지 않아도 됐다.

경계는 고정되지 않는다. 시간이 지나며 조정된다. 처음엔 AI를 조심스럽게 쓰다가 익숙해지면 범위를 넓힌다. 반대로 실수가 생기면 경계를 다시 좁힌다. 중요한 건 그 조정을 리더가 주도한다는 것이다.

어떤 리더는 분기마다 팀 회의에서 물었다.

"AI 더 쓰면 좋을 업무가 있을까요? 반대로 AI 쓰지 말아야 할 업무는요?"

팀원들의 의견을 듣고 기준을 업데이트했다. 팀이 성장하면 일하는 방식도 바뀐다. AI와 사람의 경계도 함께 진화해야 한다.

경계를 잘 지키는 팀은 효율과 인간미를 동시에 갖는다. AI로 할 일은 빠르게 처리하고, 사람이 할 일에 시간을 더 쓴다. 회의록 정리에 쓰던 시간을 팀원과의 대화에 쓴다. 반복 업무에 쓰던 에너지를 전략 수립에 쓴다. AI는 시간을 벌어주고, 리더는 그 시간을 사람에게 투자한다.

결국 AI 시대의 리더십은 이것으로 귀결된다. 무엇을 기계에게 맡기고 무엇을 사람이 할 것인가를 명확히 하는 것. 그 경계를 흐리지 않고 지킬 때 팀은 도구의 노예가 되지 않고 도구의 주인으로 남는다.

그다음 단계는 팀 전체가 움직여야 한다

/

도구는 준비됐다. 방법도 배웠다. 이제 남은 건 기준을 세우고 지키는 일이다.

5가지 원칙은 복잡하지 않다. AI가 만든 것도 최종 책임은 리더가 진다. 팀원의 마음을 먼저 챙기고 도구는 그다음이다. 작은 성공을 기록하고 나누면 변화가 지속된다. 명확한 기준과 투명성이 팀을 보호한다. 어느 업무를 AI에게 맡기고 어느 업무는 사람이 할지 리더가 정한다.

이 원칙들을 지킬 때 AI는 팀의 속도를 높이면서도 방향을 잃지 않게 돕는다. 효율은 올라가지만 사람은 소외되지 않는다. 도구는 발전하지만 팀의 본질은 지켜진다.

팀의 AI 도입은 이제 끝이 아니라 시작이다. 개인의 도구에서 팀의 문화로, 팀의 문화에서 조직의 방식으로 확장될 차례다. 그다음 단계는 리더 혼자 만들 수 없다. 조직 전체가 함께 움직여야 한다.

변화는 준비된 팀에서 시작된다. 그리고 그 팀을 준비시키는 사람은 리더다.

AI LEADERSHIP

에필로그

AI의 지휘자가 되어라

리더는 한 번에 완성되지 않는다. '일잘러' 팀원이 팀장이 된다고 바로 훌륭한 리더가 될 수 없다. 처음에는 혼자서 다 해보려던 태도를 버리지 못하다가, 팀 내 의견을 귀 기울여 듣기 시작하고, 마지막에는 사람이든, 기술이든 도움이 되는 건 폭넓게 활용하고 협업하는 단계로 성장한다. 이 과정은 리더가 노력한 만큼 앞으로 나아가기 때문에 저마다 속도가 다를 수밖에 없다.

특히 경험 많은 시니어일수록 여전히 첫 단계에서 나아가는 게 쉽지 않다. 팀원이 한 일이 못 미더워 꼭 다시 자기가 하는 경우도 많다. 이런 리더들은 AI도 잘 쓰려고 하지 않는다. 뭐든 직접 챙겨야 퀄리티가 높다고 자부한다. 하지만 어느 순간 혼자서는 속도도, 품질도 한계가 있다는 사실을 마주할 수밖에 없다.

이러한 깨달음은 결국 실패에서 시작된다. 중요한 프레젠테이션에서 시장 데이터를 잘못 해석하거나 경쟁사의 움직임을 놓쳤다거나 하는 경험을 겪고 나서야 비로소 팀원들에게 "이거 어떻게 생각하세요?"라고 묻기 시작한다. 처음엔 어색하지만 그래도 변화는 일어난다. 그다음 레벨로 올라서서 팀원들과 대화의 문이 열리기 시작한다.

진짜 변화는 그다음 레벨의 리더다. AI와 팀원을 굳이 구분하지 않는다. 팀원만 활용하는 것을 넘어 목표에 도움이 되면 AI도 적극적으로 쓰는 리더다. 이런 리더의 회의는 시작부터 다르다. "AI 분석 결과는 이렇다고 하는데, 우리 현장 경험과 맞춰 보면 어떤 선택이 맞을까요?"라며 데이터를 바탕으로 이야기를 열고, 현장의 감각으로 보완한다. 판단은 더 빠르고, 품질은 더 높아진다.

이는 그저 도구 활용이 아니라 모든 사람마다 능력의 장단점이 있음을 알고, AI 서비스마다의 장단점을 알고 적정하게 사용할 줄 안다는 뜻이다. 예전엔 사람 10명만 챙겼다면, 이제는 사람 · 데이터 · 도구를 함께 조율하는 레벨로 성장한 것이다.

아직도 새벽까지 보고서를 붙들고 "직접 해야 안심한다"라고 말하는 리더가 있다. 하지만 AI가 몇 분 만에 끝낼 일을 몇 시간 들여 하는 건 자부심이 아니라 기회비용일 수 있다. 변화를 받아들일지, 예전 방식을 붙들지 아니면 진화할지, 선택은 각자의 몫이지만, 리더의 AI 생존력이 팀의 성과에 끼치는 영향력은 점점 커질 것이다.

아주 작은 시도의 힘

리더의 역할도 여기에서 더욱 명확해진다. 리더가 모든 것을 잘해야 하는 시대는 끝났다. 이제는 다른 것이 중요해졌다. 팀이 스스로 움직일 수 있게 길을 열어주는 것, 작은 시도가 꺼지지 않게 보호해주는 것, 그리고 AI가 보여주는 가능성을 두려움 대신 호기심으로 받아들이는 것이다. 팀이 AI를 잘 쓰기 시작하는 순간, 리더는 자연스럽게 새로운 역할을 맡게 된다. 지시하는 사람이 아니라, 함께 방향을 잡고 길을 만들어가는 사람으로.

나는 이 책을 쓰는 동안 수많은 리더와 팀을 만났다. 어떤 팀은 조용히 무너지고 있었고, 어떤 팀은 이유는 모르지만 조금씩 좋아지고 있었다. 두 팀의 차이는 기술 수준이 아니었다. 예산도 아니었다. 딱 한 가지, '시도했는가'였다. 작은 시도 하나가 팀의 움직임을 바꾸고, 팀의 변화가 조직 전체의 문화를 흔들기 시작했다.

AI는 빠르다. 그리고 강력하다. 하지만 마지막 결정은 언제나 리더의 몫이다. 어떤 것을 맡길지, 어떤 것은 맡기지 말아야 할지, 어떤 기준으로 팀을 안전하게 이끌지, 그런 판단은 AI가 대신해주지 않는다. 기술은 도구일 뿐이고, 그 도구를 어떻게 쓰느냐가 팀의 문화를 만든다. 이 기준을 세우는 사람은 결국 리더다.

이 기준이 흔들리지 않을 때, 팀은 안심하고 새로운 방식을 받아들인다. 그때 비로소 변화가 팀을 넘어 조직 전체로 확산된다. 하나의 팀에서 시작된 실험이 두 개의 팀으로, 세 개의 팀으로 번지고, 마침내 모두가 새로운 방식으로 일하는 것이 자연스러워지는 순간이 찾아온다. 우리는 이를 종종 혁신이라고 부르지만, 실제로는 작은 용기 하나가 만들어낸 파동에 가깝다. AI 시대에 중요한 것은 속도가 아니다. 완벽함도 아니다. 그건 시작이다. 그 시작이 팀을 바꾸고, 팀의 변화가 조직을 바꾸고, 결국 당신의 리더십을 다시 정의하게 될 것이다.

이제 두려움을 거두고 지휘봉을 들라. 당신의 팀, 그리고 당신의 AI 팀원이 당신의 신호를 기다리고 있다. 내일 아침, 당신은 어떤 질문으로 이 거대한 협주곡을 시작할 것인가?

AI 시대의 팀장은 다르게 일합니다

초판 1쇄 2026년 1월 30일

지은이 | 김현

발행인 | 박장희
대표이사 겸 제작총괄 | 정제원
본부장 | 이정아
책임편집 | 최민경
기획위원 | 박정호
마케팅 | 김주희 이현지 한륜아 이나경

디자인 | 김윤남

발행처 | 중앙일보에스(주)
주소 | (03909) 서울시 마포구 상암산로 48-6
등록 | 2008년 1월 25일 제2014-000178호
문의 | jbooks@joongang.co.kr
홈페이지 | jbooks.joins.com
인스타그램 | @j__books

ISBN 978-89-278-1356-9 (03300)

중앙북스는 중앙일보에스(주)의 단행본 출판 브랜드입니다.